再现词语里的
5000 年物质文明史

权衡　管辖　符合　比较　模范　锻炼　大驾　规矩　巾帼　漆黑　参差　斧削

一词一世界 ❶

齐吉祥 著

天津出版传媒集团
新蕾出版社

图书在版编目 (CIP) 数据

一词一世界 / 齐吉祥著 . —— 天津：新蕾出版社，
2024.2（2025.4 重印）

ISBN 978-7-5307-7612-4

Ⅰ．①一⋯ Ⅱ．①齐⋯ Ⅲ．①汉语 – 儿童读物 Ⅳ．
① H1-49

中国国家版本馆 CIP 数据核字（2023）第 147786 号

书　　　名：	一词一世界　YI CI YI SHIJIE
出版发行：	天津出版传媒集团
	新蕾出版社
	http://www.newbuds.com.cn
地　　　址：	天津市和平区西康路 35 号（300051）
出 版 人：	马玉秀
电　　　话：	总编办（022）23332422
	发行部（022）23332677　23332351
传　　　真：	（022）23332422
经　　　销：	全国新华书店
印　　　刷：	天津新华印务有限公司
开　　　本：	787mm×1092mm　1/16
字　　　数：	230 千字
印　　　张：	24
版　　　次：	2024 年 2 月第 1 版　2025 年 4 月第 3 次印刷
定　　　价：	79.00 元（全 2 册）

著作权所有，请勿擅用本书制作各类出版物，违者必究。
如发现印、装质量问题，影响阅读，请与本社发行部联系调换。
地址：天津市和平区西康路 35 号
电话：（022）23332677　邮编：300051

序

今天我向大家推荐一本学习优秀传统文化的好书，这是一本不可多得的读物。它的知识性很强，趣味性很浓，雅俗共赏，老少咸宜，并且大家可以在零碎时间阅读。

众所周知，我国是一个地大物博、历史悠久的国家，几千年积累的优秀传统文化，博大精深，源远流长。伟大的中华民族孕育了独特的民族精神和民族特质，这些都是我们不可或缺的精神食粮。中华优秀传统文化与社会主义核心价值观薪火相传，一脉相承。优秀的传统文化也是我们走向强大的软实力，学习、继承和弘扬几千年的优秀传统文化，我们这一代人责无旁贷。

我们学习优秀传统文化可以从宏观入手，阅读参考传承至今的"25史"，也可以阅读史学家写的一些历史著作。与此同时，我们还可以从微观入手，认识、了解保存下来的历史文物（包括考古发掘出的文物），通过它们代表的不同文明来具体了解历朝历代的政治、经济和社会面貌。齐吉祥先生的这本书，可以帮助我们从微观入手，学习优秀传统文化。这也是我说这本书知识性很强的原因。

当我们走进各个历史主题博物馆时，映入眼帘的基本都是几千年来老祖宗留下的各种宝贝，但有不少文物我们既叫不出名字，也不知道它们有什么功用，更不用说如何从它们身上了解历史故事了。齐先生这本书由一篇一篇字词科普知识小品文组成，每篇文章都给我们生动地讲述了该字词及相关文物的故事。如现在人们口中常说的"权衡""符合""沐浴""矛盾"等，可能大多数人并不知道它们是怎么来的。就拿"权衡"来说吧，什么叫"权"？什么又叫"衡"？现在为什么又叫"权衡"？它掂量利弊得失的含义又是怎么来的？读了这本书你就会明白。

读这本书的另外一个收获，就是学习了古今一些有趣的语言知识。对于一种新出现的事物或社会现象，人们要认识它就会给它定一个名称，以便相互交流，这个名称就会成为我们语言中的一个新词。但社会是发展的，历史上产生的事物或社会现象也是会发展变化的，其名称的含义自然也会发生变化。齐先生讲的古代的事物或社会现象以及它们命名的情况，也是我们母语中这类词的来源，如"模范""巾帼""城市"等，它们的含义和用法也随社会发展产生各种变化，以致造成了古今差异。比如，在本书《坐得舒服靠"镇"压》一文中，作者详尽介绍了有关"镇"的知识，如"镇"在古代是用来压席子的，"镇"有各种材质和形状，又介绍了"镇压"在现代的含义。现在，"镇压"多指政治上用强力压制，不许进行活动，这同本义有了很大的不同。读者由此知道了此词的本义，同时也了解了其新义。这就是语言的发展变化，人们把这种变化叫作"词义的转移"，即原指甲事物转变为指乙事物。"权衡"从原衡量物体的轻重，扩大为衡量抽象事物的利弊，人们将这种语义变化叫作"词义的扩大"。

从这些发展变化中，我们知道了词义发展变化的模式和规律。这是社会的进步，也是语言的发展演变。齐先生讲解这些变化等于给我们讲了一次关于"汉语词语发展历史"的课，让我们对语言中的词义有了更深入、更全面的了解。为什么"权衡"成了"掂量"的近义词，"模范"成了今天学习的榜样，"矛盾"成了哲学中事物对立统一的概念？过去我们可能不知道这些词的来源和变化。现在，这本书就能让我们了解这些词的含义，不仅知其然还能知其所以然。

本书还有一个特色，就是用读者喜闻乐见的讲故事的形式把字词知识讲解出来，易被读者接受，进而受到读者欢迎。齐先生多年来一直从事文物的研究和讲解工作，还常常在电视节目中为大家讲解文物知识。他用自己的方式，将大众感到深奥难懂的历史知识绘声绘色地讲解出来，给大家留下了深刻的印象。

本书的写法虽然引人入胜，但如果没有丰厚充实的内容，就会显得苍白无力。齐先生在讲述中旁征博引，体现了他深厚的知识底蕴，这不仅拓宽了读者的认知，也给本书增添了亮点。本书最大的优点是把旁征博引的知识同全篇核心内容有机结合，并将其置于具体语境中，让读者不仅记忆深刻，还会兴趣盎然。

读一读《兵器派生出的"矛盾"》一文，你一定会认为我所言不虚。讲"矛盾"知识的文章不少，但要像齐先生这样讲得娓娓动听，确实较难。在这篇短文中，他引用了一些相关的逸闻趣事，读来不仅津津有味，还无形中增长了许多难得的知识。当读完齐先生写的几篇文章之后，我就希望他继续写下去。我相信本书肯定会受到读者的欢迎。这本书的出版，既可喜可贺，又难能可贵。

齐先生是我多年的朋友，他嘱我为他的大著写篇序言。我说序言不敢写，但我可以写写读后感，也就是这篇文章。敬请读者和齐先生批评指教。

李行健

2023 年 12 月

（作者系国家语言文字工作委员会咨询委员会委员、中国社会科学院研究生院教授、语文出版社原社长）

目录

城市	"城"和"市"原来分过家	1
符合	"符合"与王权	8
干戈	"干戈"是古代战争中常用的两种兵器	12
矛盾	兵器派生出的"矛盾"	17
冠冕	"冠冕"原来是帝王的礼帽	24
牺牲	"牺牲"与纪念	28
问鼎	"鼎"的大小不能随便问	35
金榜	"金榜"题名会有时	40

禁止	"禁"竟然和饮酒有关	48
门户	"门户"怎样才相当	55
大驾	"大驾"是最高级别的仪仗	63
五色	大有说头的"五色"	69
耕耘	没有"耕耘",哪有收获	77
五谷	"五谷"丰登,国泰民安	85
发酵	利用"发酵"做出了大成就	92
六畜	"六畜"兴旺,人心所向(一)	101
六畜	"六畜"兴旺,人心所向(二)	109

六畜	"六畜"兴旺，人心所向（三）	117
属相	你是什么"属相"	126
宝贝	来自大海的"宝贝"	135
筵席	"筵"和"席"有粗细之分	140
镇压	坐得舒服靠"镇"压	145
沐浴	"沐""浴"原本各有分工	150
如意	痒痒挠和"如意"是"亲戚"吗	155
环绕	圆形玉器来"环绕"	160
广告	与生活息息相关的"广告"	167

丰碑	"丰碑"原来不是碑	172
规矩	没"规矩"不成方圆	179
锦绣	最美不过"锦"和"绣"	183
针砭	治痛疗伤用"针砭"	187
博弈	"博弈"本是两种智力游戏(一)	191
博弈	"博弈"本是两种智力游戏(二)	198
模范	铸造青铜器有"模"有"范"	205
斧削	你知道写了错字要用刀"削"吗	208
锻炼	百"炼"才能成钢	214

饕餮	"饕餮"纹里 有什么	218
鉴定	"鉴定"源于 两种青铜器	224
漆黑	"漆"是中国古代的 一项发明	234
成绩	"成绩"原是古代纺织的 一道工序	243
镀金	"镀金"是金属器 表面的装饰工艺	248
火候	看"火候" 凭的是经验	255
瓦解	"瓦解"了才能 入窑烧制	263
陶瓷	"陶"器是中国人的 发明	271
陶瓷	中国"瓷"器 响当当	284
琢磨	玉不"琢" 不成器	297

5

鼓吹	"鼓吹"原是多种乐器合奏的音乐	305
参差	被忘却的"参差"	316
权衡	用来称重的"权"与"衡"	320
度量	"度量"如何计量	324
运筹	"运筹"帷幄离不开的神奇小棍	329
管辖	别看个头小，"管辖"很重要	333
计较	"较"原是车的把手	338
巾帼	"巾帼"究竟是什么	342
布衣	"布衣"不仅仅是衣服	347
后记	讲物说词话历史	352
附录	词语演变小课堂	356

"城"和"市"原来分过家

"城市"一词在我们的生活中无处不在，诸如丰富多彩的"城市"生活，昆明是一座四季如春的"城市"。然而，你知道吗，在很早很早的时候，城和市是两个不同的概念。"城"字的本义是城墙，例如万里长城；"市"则是买卖商品的场地，例如距今1000多年的唐代都城长安城内的东市、西市。这么看来，"城""市"这两个字原本并不是连在一起读的。那么，城和市各自是怎样兴起和发展的呢？

令人感到安全的"城"

　　安全是人类的基本需求之一。在距今6000多年的时候，陕西姜寨、半坡等地的原始人就在他们居住地的周围挖了宽、深各五六米的壕沟进行围护，这些壕沟既能预防野兽的侵害，还能防止其他部族的人来抢掠食物。

姜寨遗址复原模型

石雕人头　新石器时代
榆林学院陕北历史文化博物馆藏

　　到距今5000多年的时候，社会生产力有了很大发展，人们有条件修筑高墙来保护自己了，这种高墙就是我国早期的城。考古工作者在浙江杭州、山西临汾、陕西榆林等地先后发现了原始社会晚期的大型古城遗址。

其中最具代表性的是良渚古城，这座古城的内城面积达300万平方米，城墙总长度约6000米。仅看"6000米"这个数字，也许你不以为意，但再看一组数字，我想你一定会惊叹不已！因为，这座城的城墙底部宽度一般为40~60米，而最宽的地方竟然有100米。经研究发现，修建城墙的时候，人们先在地上铺一层大约有我们两个拳头那么高的青胶泥，将地面弄得平平整整，再在上面铺大石块作为城墙的墙基，石块是从山上开采来的，一块就重四五十千克，这样的大石块一共铺了30多万平方米。

请你想象一下，在没有任何机械设备辅助的古代，人们只能用手抬肩扛的方法，将四五十千克重的大石块铺设30多万平方米作为城墙的墙基，这中间要花多长时间、经历怎样的艰辛？并且，良渚人铺设大石块还仅仅是在建墙基呢，接下来他们还要在大石块上面

良渚古城遗址公园里的复原房屋与原始人雕塑

堆黄土，堆黄土时还要不断打夯（hāng），把土一层一层夯实，大约筑到8米高（差不多是现在的三层楼那么高）才成。这堆土、

夯土的工作量可比铺石块的工作量大多了。有专家推算，至少有4000名良渚人不间断地干3年，才能将城墙完全修筑起来。现在，对于5000年前良渚人这种创造性的劳动成果，你是不是感到十分震惊呢？接下来还要告诉你一件非常重要的事情，在2019年，良渚古城遗址被联合国教科文组织列入《世界遗产名录》，成为中华五千年文明的实证。

　　进入夏商以后，我国各地的城就越来越多了。为了增强城的防御功能，古人在城墙外还要挖宽约10米的护城壕沟，这就是古代文献中所说的"池"。你还记得有句话叫"城门失火，殃及池鱼"吗？这里的"池鱼"特指护城壕沟里的鱼，而不是一般池塘中的鱼。有一点请大家特别注意，明代以前我国各地

良渚古城遗址中的城墙

的城墙都是用土夯筑成的，到了明代才有砖城墙。如果你在一些文章、绘画中看到秦代的人运砖修长城、唐代的人烧砖修城墙，那肯定是错误的！

供人交易物品的"市"

在原始社会晚期，随着生产力的发展，产品除了吃用还有了剩余，为了互通有无，不同部落之间产生了以物易物的交易行为。古文献中记载神农氏时"日中为市，致天下之民，聚天下之货，交易而退，各得其所"，意思是说在中午开设市场，会集了各地的民众，聚集了各地的货物，交易之后，人们得到了各自想要的东西就离开了。

这里的"市"就是最原始的商业活动。到了商代，有了专门经营商品买卖的"商人"。周代时，商业成为社会经济中不可缺少的一部分，为此，国家设立了一种叫"质人"的职官来专门管理市场。

秦汉时期，不论是都城还是各地的县城，都有固定的商业场地，叫作"市"或"市井"。西汉的都城长安最初有东西二市，后来增到九市。市周围建有围墙，和住宅区严格分开，围墙上开有市门，有士兵把守。市内建有摆放商品的店铺——"商肆"（又叫"市肆"），同类商品集中在一起，称作"列肆"。还有一座多层的建筑，称为"市楼"，是管理市场事务的官署所在地，市楼顶上有旗子和大鼓，每天都有人按时击鼓，通知开市或闭市。闭市后，不再有任何营业活动，人们也不许在市内逗留，这同今天商店要定时开门、关门，关门后不再买卖是不是非常相像呢？管理市的官员叫"市令"或"市长"，这个市长和当今的市长虽然在字面上完全一样，可在职责上就大相径庭了。

在城郊的交易市场称作"草市"。除草市外，那时还有定时定点的集市，但只是临时一聚，保持着"日中为市"的原始形态。人们常说的赶集，就是去这种集市上买卖商品。

到了宋代，市打破了围墙的局限，商店可以沿街开设了，也出现了一些商业街。《清明上河图》中就描绘了开封城的一

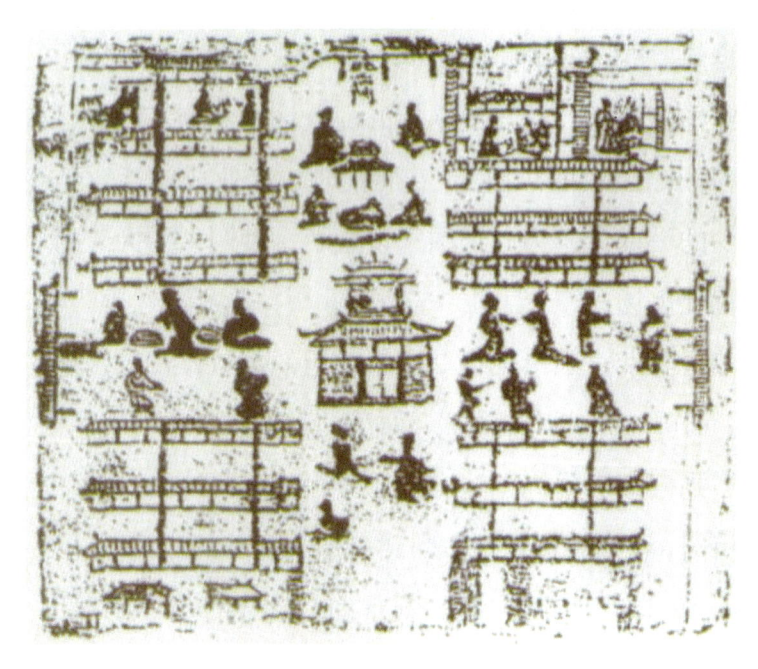

"市井"画像砖（拓片）

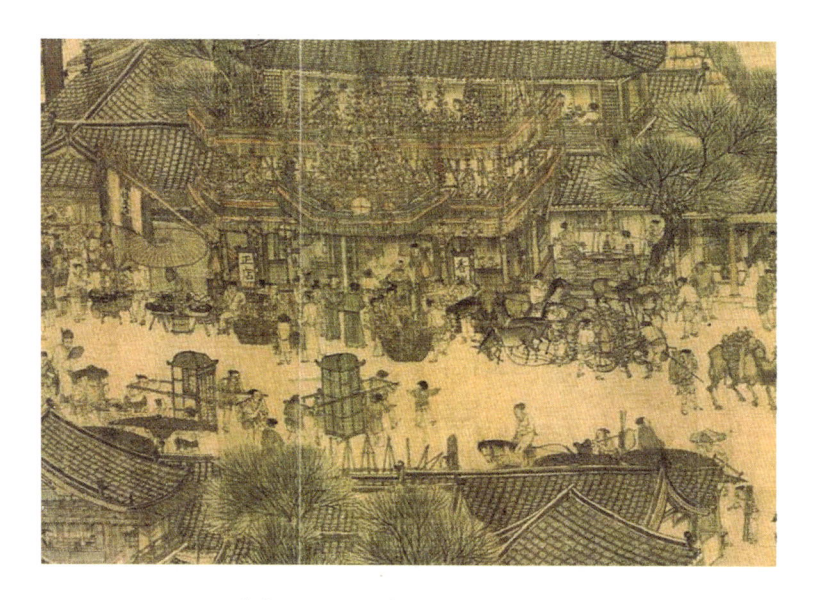

《清明上河图》中的部分商业街

些商业街。当时，经营时间也打破了以往的限制，有的商店到深夜才关门，商店门口还设有灯箱广告呢！跟我们今天的市已是十分相像了。

"符合"与王权

你用"符合"这个词造过句吗?看到上面的标题,你是不是感到奇怪:"符合"怎么同王权联系上了?其实呀,这"符"和"合"要分开讲,"符"是一种物品,"合"是人的行为。那么"符"到底是什么物品呢?咱们还是先看照片吧。

它的样子

这是一只距今2200多年的用铜铸造的小老虎,全长只有8.9厘米,个头还没有一根香蕉大。它其实是一件秦代兵符,因为被造成虎的形状,所以人们称它为"虎符"。请你仔细看一看,这只虎从头到尾是分成两半的,它的左右背部都有一样的金字:甲兵之符,右在皇帝,左在阳陵。

这12个字非常明确地告诉了人们,这是一件代表军队调

阳陵虎符　秦　中国国家博物馆藏

动权的凭证物，它右边的一半存放在皇帝那里，左边的一半由驻守阳陵的军队将帅掌管。假如有一天有人到阳陵的军营要调动军队，这个人必须出示存放在皇帝那里的一半虎符，当左右两半虎符完全合在一起了，才能调动军队。由此，我们也可以知道，当时全国的军权是由皇帝掌控的。

信陵君窃符救赵

　　说到这里，给大家讲一个"窃符救赵"的故事。那是在公元前258年，强大的秦国军队围攻赵国的国都邯郸。赵国的国力较弱，不是秦国的对手，赶忙向邻近的魏国求救，魏王将一半兵符给大将军晋鄙，让他统领10万大军援助赵国。然而，晋鄙前脚刚走，秦国的使臣后脚就到了，他警告魏王，不让他援助赵国，吓得魏王赶忙派人告诉晋鄙，将10万兵马驻扎在赵魏两国交界的地方，按兵不动。

军情的变化，不仅让赵王非常焦急，也让魏国的一个人十分着急，这个人就是魏王的弟弟信陵君。他的姐姐嫁到了赵国，是赵王的弟弟平原君的夫人。信陵君为人重情重义，根本不怕秦国的威胁，便劝魏王下令出兵，可魏王就是不答应。眼看赵国一天比一天危险，怎么办？这时有人给信陵君出了个主意：原来信陵君对魏王的宠妃如姬有恩，不如请如姬趁魏王沉睡的时候，将另一半符盗出。信陵君照此行事，果然拿到了另一半符。他带着另一半符快马加鞭来到晋鄙的军营，将两块兵符完全相合后，立刻挑选了8万精兵猛扑向秦军。秦军抵挡不住，赶忙撤退，赵国得救了。

通过这个小故事，你是不是进一步认识到了兵符的重要性？当然也一定懂得了"符合"的原本含义吧！

名副其实的"符合"

最后还要强调一点，古代的符不仅有兵符，还有交通、贸易等方面的符，它们都起到了凭证的作用，而且除了用铜铸的符外，还有用竹木、丝绸、玉石、金银和纸张制作的符。不管什么材质的符，使用前都先要分为两半，这叫"剖符"，待到对证时，再使其相合，也就是名副其实的"符合"。

看到这里，不知道你想到了没有，其实这种剖符、合符的做法从古代一直沿用到现在，比如在一些电影里，就有把一张照片或一张扑克牌剪成两半让特工拿着其中一半作为接头凭证的情节。你看过这样的电影吧，还能举出类似的事例吗？

铜鱼符　唐
东营市历史博物馆藏

"鄂君启"错金青铜节　战国
中国国家博物馆藏

"干戈"是古代战争中常用的两种兵器

杜甫在《寄题江外草堂》一诗中写道："干戈未偃息，安得酣歌眠。"诗人写这首诗的时候，安史之乱尚未平息，国家战乱不止，人们怎么能睡个安稳觉呢？诗中的"干戈"就是战争的代名词。

干戈除了被用来比喻战争，当世间有争斗时，人们也称之为"大动干戈"。而当平息战争迎来和平，或人们结束争斗重归于好时，我们往往说"化干戈为玉帛"。有意思的是，干戈还曾是一道考题的内容，考生要判断干和戈谁是防御性武器。这道题你能正确回答吗？在《兵器派生出的"矛盾"》一文中提到，干就是盾牌，它是防御性武器。在这篇文章里，咱们就来专门讲讲戈。

"炫酷"的冷兵器

戈在古代被称为"勾兵",是一种既能钩杀又能啄刺的长柄兵器,你见过人们用镰刀收割小麦、稻谷的场景吗?古时候士兵们挥戈的动作,就类似农夫挥镰刀,所以有专家认为戈很可能是在镰刀的基础上发展起来的。

戈由戈头、柲(bì)和镎(zūn)三部分组成。戈头大多是用青铜铸成,早期的戈头好似一把匕首,长20厘米左右。柲也就是木柄,长1米左右,步兵作战时往往是左手持戈、右手执盾。人们还会在柲的尾端装一个圆锥形铜套,起到加固和

二里头遗址出土的
青铜戈

装饰的作用,士兵还可以在休战时将戈插在地上,这个铜套就被称为镦。

现在,我们发现的最早的青铜戈是在河南洛阳二里头遗址出土的。这些青铜戈属于夏代晚期,距今约3600年。到了商代,青铜戈已经成为军队必备的兵器。

戈头又包括"援"和"内"两部分。援也就是长条形锋刃的部分,是用来钩杀敌人的,有如镰刀割麦秆的那部分。戈援的尖部也很锋利,所以才能既钩杀又啄刺。内就是援后尾嵌入木柄的那部分,内上还有供穿绳的孔(专家定名为"穿"),以便用皮索将戈头较牢固地捆绑在木柄上。随着战争的发展,戈头的形状也不断改进。西周时人们将戈头的刃面由直线形变为弧形,并多加了几个穿进行捆绑固定,这样戈头就更不容易脱落了。

为了增强杀伤力,人们将戈和矛结合在一起,使它既能钩、啄,又能直刺,这种新型的兵器就是戟(jǐ),西周时已

"虢太子元徒"戈 春秋
中国国家博物馆藏

戈头结构示意图

大量使用。当年每辆战车上乘坐 3 个人：中间是御手，犹如现在的司机；御手左侧的士兵被称为"车左"，持弓箭射击；右侧的士兵则持戟杀敌。戟柄的长度都在 3 米左右。在著名的曾侯乙墓中，考古人员还发现了在一个长柄上装了两戈一矛和三戈一矛的二联装戟和三联装戟，具有非常强的杀伤力。正是戟的出现，使戈的作用日益减退，到东汉时，戈作为实战兵器在战场上已经绝迹了。有意思的是，戈虽然在战场上不见了，但在文字中却不乏它的身影，凡是和军事、战争有关的字，大多有戈字，例如戍、武、戎、伐等。

意想不到的舞蹈道具

接下来的内容可能就是你意想不到的了。原来干戈除了作为战场上的兵器，还可以作为跳舞的道具。商代甲骨卜辞中有一段关于祭祀黄河之神的内容，其中就有一个问题：对河神使用这个戈适当吗？古文字学家认为这里的"戈"就是指人们祭祀时跳舞用的道具。另据《礼记》记载，周代有一种称为"大武"的舞蹈：人们排成整齐的队列，挥舞干戈，边唱边跳表现周灭商的历史。

在湖北出土的西周青铜戈上还有"大武开兵"铭文和手持舞蹈用具的舞者纹饰。当然这种以干戈作为道具的舞蹈，只有当时的统治者才能欣赏。同时这种作为道具的戈，刃部都不是锋利的，而是尖圆之状，仅用来表示戈的形态。

兵器派生出的"矛盾"

平日我们常讲到"矛盾"这个词,当人与人之间发生纠纷时,人们会说他们产生矛盾了;当市场上某种物资短缺,供不应求时,新闻中会说市场出现了供需矛盾。其实,"矛盾"的本义是指两种兵器,"矛"是刺杀用的兵器,"盾"是防御用的兵器,二者的作用完全相反。

战国时有一位著名的思想家韩非子,他的著作《韩非子》中就记述了一个既有趣又发人深省的故事:楚国有一个卖武器的人,先是夸耀他的盾坚固无比,没有物品能够刺破它,后又吹嘘他的矛锐利非常,什么东西都能刺穿。于是有人问他:"如果用你的矛刺你的盾,结果会怎样呢?"此人弄巧成拙,竟无言以对。从此以后,人们便将自己的言行前后抵触比喻为"自相矛盾"。

通过《韩非子》中的这个故事，我们知道在 2000 多年前，矛和盾就已经作为商品出现在市场上了。那么，到底是先有矛还是先有盾呢？它们是在什么时候产生的呢？

用途多样的"矛"

从考古人员发现的实物来看，早在新石器时代就出现了矛，人们将石片或兽骨的前端磨至锋利，再在末端捆绑上长木柄，这就成了狩猎用的利器。考古人员在距今 6000 多年的遗址中发现了木矛与骨矛，在距今 5000 多年的遗址中发现了石矛。这些证据表明，我们的祖先很可能是在使用尖锐的木头刺杀野兽时受到启发，从而发明了矛。

商代时有了青铜矛，这时的矛已作为兵器在战争中使用。河南安阳的一座商代王陵中曾出土了 700

骨矛

石矛

多件青铜矛，可见当时矛的铸造量很大。这些青铜矛铸造精良，有的上面还有漂亮的纹饰。

战国时出现了铁矛，随着冶铁技术的进步，铁矛逐渐取代了青铜矛。

商代至魏晋时期，矛可分为长短两种：短矛的矛头和矛柄总长约1.4米，主要是步兵使用；长矛则被骑兵和战车上的车兵使用。骑兵用的矛，一般长一丈八寸（古时的法式制度，合今3米多），大家熟悉的蜀国大将张飞，据说就是手持丈八蛇矛呢！湖北随县（今随州市）曾侯乙墓出土的长矛，用竹子做

青铜矛

吴王夫差矛　春秋　湖北省博物馆藏

矛柄，长度一般为 3.2~3.8 米，最长的竟有 4.36 米。战车上的车兵手持如此长的矛，很容易占得先机。

从唐代起，矛改称为枪，而且依据不同材质与用途分出了许多种类，如漆枪、白干枪、单钩枪、梭枪等。历史上抗日儿童团用的红缨枪，也是其中之一。有意思的是，枪不仅可以在战场上用于格斗，还可以在宿营时用来支撑营帐，而渡河时，也可以将每 10 杆枪捆成一束，然后一束一束地纵横捆扎起来，扎成筏子，这可称得上是物尽其用了吧！

结构巧妙的"盾"

人们在战斗中不仅要进攻,也要防守,因此就有了盾。传说早在距今4000多年的黄帝时期就已经有了盾。有个"刑天舞干戚"的神话故事,讲的是黄帝时期有一个叫刑天的巨人,他左手持干,右手执戚,异常威猛。他手中的干是盾,戚则是斧子。由于盾是用木材、藤条、兽皮等材料制成的,不易长时间保存,因此没有远古时代留下来的盾实物,我们只能从甲骨文中的"盾"字推测,当时的盾应该是长方形或梯形的。

目前中国考古发现的最早的盾是商代的,以木材为主体,一面有手握的长条形木柄,另一面或蒙上兽皮,或涂上漆,上面都有精美的纹饰。这些盾的样式和当时铜镜上绘制的武士手中持的盾是完全相同的。

甲骨文"盾"

铜镜上的武士像

彩绘龙凤纹漆盾　战国
湖北省博物馆藏

骑兵出现以后，为了在马上能更灵活地防身，人们将盾的式样改造成了圆形，长方形的盾则主要供步兵使用。

明代有一种名叫"虎头火牌"的盾，它的宽度相当于人的身宽，高度有1.2米左右，盾牌内有支撑杆，将盾立在地上，就可以遮蔽住人蹲下去的身体。在盾的上方有一个圆孔，人可以用它观察敌情。更妙的是，盾牌有4处地方是能够活动的，并装有火箭和销钉（即销子，是通常由木头、金属等材料制成的钉子形零件，在器物中起连接或固定的作用）。当敌军逼近到一定距离后，打开销钉，这4处地方便可以转90度放平，点火将火箭发射出去，可谓能守能攻，两全其美。

随着历史的发展，"矛盾"在今天已经不单单是兵器的名称了，还成了哲学和逻辑学上的名词，这个词和人们的关系变得更加密切了。

"虎头火牌"盾

"冠冕"原来是帝王的礼帽

很多人都会根据不同季节、不同场合，选择戴不同材质、不同款式的帽子。这是因为，小小一顶帽子既有遮阳、保暖的实用性和装扮的美观性，还有标识作用。例如在日常生活中，根据人们所戴的不同帽子，我们就能判断他是军人还是警察，是护士还是厨师……

不是谁都能戴的冠冕

在众多的帽子中，有一种礼帽在古时候是身份的标志，只有皇帝、太子、亲王才能戴（在有的朝代，诸侯、大夫也可以戴），这种礼帽就是冕冠，也叫冠冕。当然，这种礼帽并不是他们想什么时候戴就什么时候戴、想在哪戴就在哪戴的，他们也需要严格按照制度戴呢！

按照礼制的规定，在祭祀活动、皇帝登基大典，以及一些重要节日如正旦（春节）、冬至等时，皇帝、太子、亲王才可以戴冠冕。现在很多绘画作品、影视作品为了表示人物的身份是皇帝，不论是看书、散步还是处理政务，皇帝头上都戴着冠冕，这是错误的！

保存完好的冠冕

在古代描绘帝王的绘画中，我们经常可以看到冠冕，但是目前国内作为文物的冠冕仅有3件：一件是山东邹城明鲁王朱檀墓出土的九旒（liú）冕，现存于山东博物馆；另一件是袁世凯称帝时穿戴的一套仿古冕服中的冠冕，现存于中国国家博物馆；再一件是明十三陵定陵出土的万历皇帝的冕，现存于定陵

綖板（冕板）　垂旒　冠武　梅花金穿

九旒冕　明　山东博物馆藏

博物馆。

仔细看看上页图中的九旒冕：中间圆筒状的冠武高18厘米，它是先用藤篾编成骨架，再包上罗绢，涂上黑漆，最后镶上金边、金圈制成的；在冠武的两边，各有一个用黄金制成的圆形小物件，它的名字叫"梅花金穿"，锥形的金簪子可以从中穿过；冠武上的綖（yán）板长49.4厘米，前后两端各有9条垂旒，每条垂旒有9个玉珠，既精致又美观。

作为我国目前唯一一件保存完好的明初亲王冠冕实物，九旒冕可是山东博物馆"十大镇馆之宝"之一呢！

你是不是在想，人戴上这顶冠冕后，前面有9条垂旒，看东西多不方便呀！其实，冠冕中的各种物件不仅是为了装饰美化，还有更深层的含义。垂旒就有"蔽明"的含义，表示帝王不看伤天害理的邪恶之事。在綖板中间下面，有一条名为"衡"的玉石，在衡的两端用丝线垂下一个玉珠，玉珠的位置恰好在人的耳朵那里，它的名字叫"充耳"。你听过"充耳不闻"这个词吧？"充耳"的用意就是劝诫帝王要明是非、求大德，不要听他人的谗言。

冠冕做成这样还有一个很重要的作用：当一个亲王戴上冠冕后，面对祖先神灵或天地山川之神，必定要身体端正，不能晃动，神情肃穆，目不斜视，一旦戴着冠冕左顾右盼，任意晃动，那些垂旒上的珠子就会抽打他的脸颊，予以警告。冠冕是要限制穿戴者的行为，规范他的举止的。

暗藏玄机的冠冕

皇帝的冠冕有 12 条垂旒，每条垂旒有 12 个玉珠。如果是皇帝戴上冠冕面对大臣正襟危坐，会显得格外威严。他透过珠子，能看清朝堂中人们的一举一动，下面的群臣却看不清他的表情，无法揣摩他的心思，会更加小心谨慎。冠冕还有这个作用，是不是很有意思呢？现在，冠冕被引申为"冠冕堂皇"，用来形容表面上庄严或正大的样子，颇具贬义。

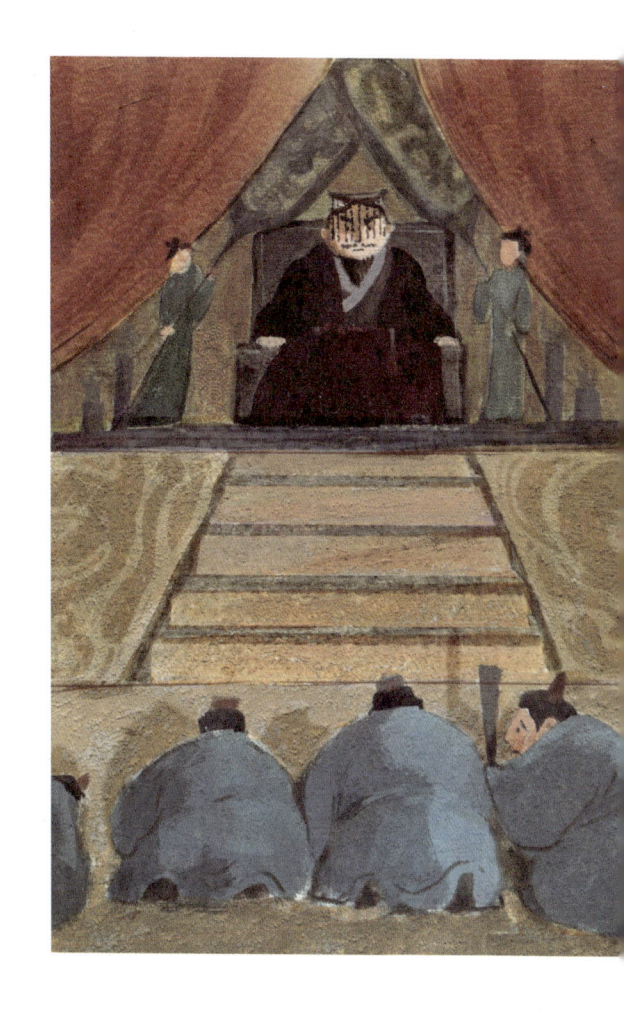

"牺牲"与纪念

在生活中，我们经常会看到"牺牲"这个词。比如老师牺牲自己的休息时间给缺课的学生补课，一位消防员为了营救被困者牺牲了自己的生命。竖立在天安门广场的人民英雄纪念碑碑文中也有"牺牲"一词：在历次斗争中牺牲的人民英雄们永垂不朽。

这些都说明，现在人们将放弃或损害某些利益，或者为了正义的目的献出自己生命的行为称为"牺牲"。许多人都讲过这样一句话："没有先烈们的流血牺牲，哪有我们今天的幸福生活？"这句话中的"牺牲"两个字，更是饱含了人们对英雄们的无限崇敬。

为大自然献上"牺牲"

然而在古代,"牺牲"是另一番意思:举行祭祀大典时献给神灵和祖先的一种祭品。

《周礼》中记载:"凡祭祀,共(供)其牺牲。""牺牲"究竟是什么样的祭品呢?这得从这两个字的含义说起。在古文的字义中,"牺"是做祭品用的毛色统一的牲畜,"牲"是用来供奉的整只牲畜,所以在古代,"牺牲"这个词就是用来供奉的毛色统一的整只牲畜的意思。从历史记载看,那时供奉的牲畜主要是牛、羊、猪。

那古人为什么要祭祀呢?祭祀又是怎么产生的?是什么时候产生的呢?这就要说到远古时期人们对大自然和祖先的敬畏心理了。

大自然赐予了人类诸多恩惠,它给了人类充足的食物和水,还有明媚的阳光、丰富的矿藏等,但有时洪水泛滥、暴风狂卷等自然灾害对人类也造成了很大的伤害。

远古时期的人们还不理解为什么会有这些自然现象,对大自然既敬又怕,他们认为一定有神灵掌管着寒来暑往、风雨雷电,他们希望这些神灵只降福、别降灾,于是就通过祭祀的方式,向神灵传达愿望。

那时,人们对自身也不了解,不知道人为什么会死去,加上受到影子、梦境等古人无法解释原因的影响,"灵魂"的观念自然就产生了。人们认为祖先虽然死了，可灵魂还在，而且灵魂还具有神力，仍然可以影响甚至支配人世间的一些事情，由此人们对祖先也有了敬畏的心理。和对大自然进行祭祀一样，人们也开始对祖先进行祭祀。那些在世时强悍有为、为百姓做出过突出贡献的人，在死后更是人们的重点祭祀对象。

我们现在当然知道掌管大自然的神灵和祖先的灵魂都是不存在的，那只是远古时期的人们因为认知有限而产生的想法。

5000年前的祭祀大典

至于祭祀产生的时间，由于远古时期没有文字记载，所以我们无法确切知道最早的祭祀出现在什么时候，只能通过考古发掘来探索这个问题。

1983年，考古人员在辽宁发掘了距今5000年左右的牛河梁遗址，遗址中有一个占地面积约10 000平方米的大型祭坛，祭坛高度10多米，直径约100米。

考古人员还在遗址中发现了一座"女神庙"，庙内有很多塑像，最珍贵的是一个约莫真人脑袋大小的女性头像。考古人员猜测这可能是该地区先民共同供奉的女性祖先，因此把它命名为"女神像"。

牛河梁遗址中的"女神庙"就是远古时期的人们平日里供奉神灵的场所。举行祭祀大典时，他们会将神像安放到祭坛上，让它接受众人的祭拜。考古人员在浙江发掘并确认的良渚古城遗址是中华五千年文明史的实证，那处遗址中也有两座祭坛。

根据以上发现，我们可以说，至迟在5000年前，中国就有了祭祀大典。

商代有了甲骨文，祭祀也就有了文字记载。到周代时，祭祀的形式更加规范，统治者还规定了每种祭祀的时间。比如要在每年的冬至祭天，要在每个季度的第一

女神像
新石器时代
辽宁省文物考古研究院藏

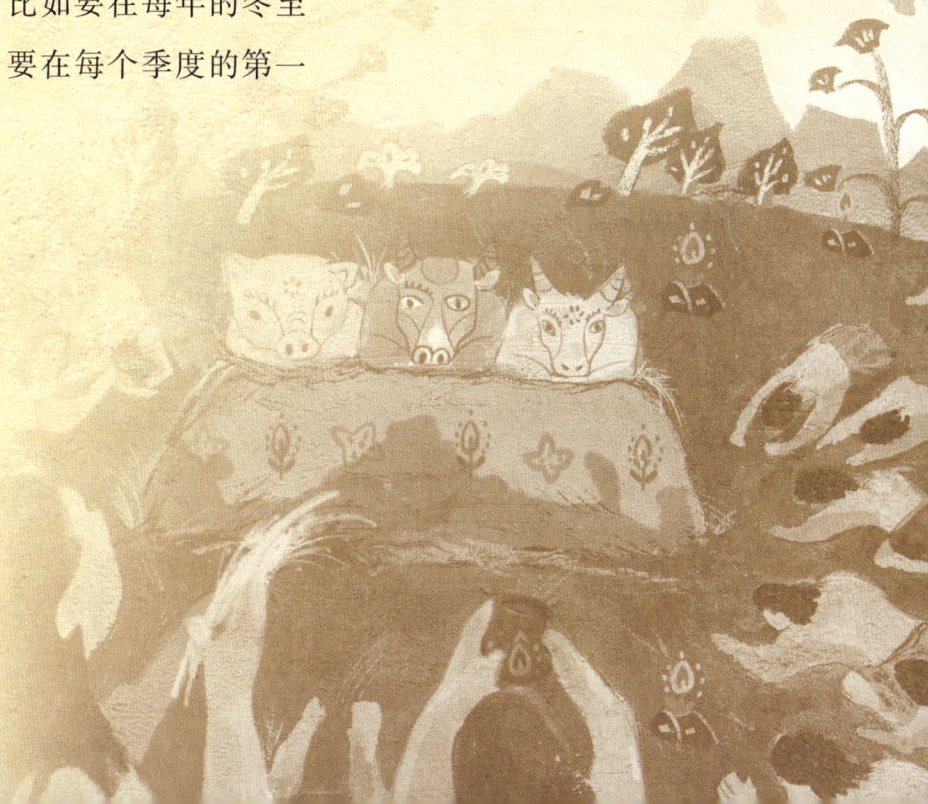

个月选择一天祭祖,每年春天播种前、秋季收获后都要祭社(土地神)。这些祭祀行为逐渐形成了我们的传统节日,如清明节、端午节等。

  古人在祭祀时还会奉上最丰盛的食物,举行最庄重的仪式。你在博物馆参观时看到的那些精美的青铜器,其中有许多都是当年盛放祭品的礼器。比如青铜鼎是用来盛放熟肉的,青铜簋是用来盛放煮熟的黍、稷、稻、粱等谷物的,而青铜尊则是用来盛放酒的……有一种叫"青铜豆"的青铜器,你也许没怎么注意过它,虽然它和黄豆、绿豆、蚕豆都用了同一个"豆"字,但它却是当时最常见的一种容器,盛放的是人们吃饭时不可缺少的腌菜、肉酱等调味品,是不是有点像现在的瓷盘呢?

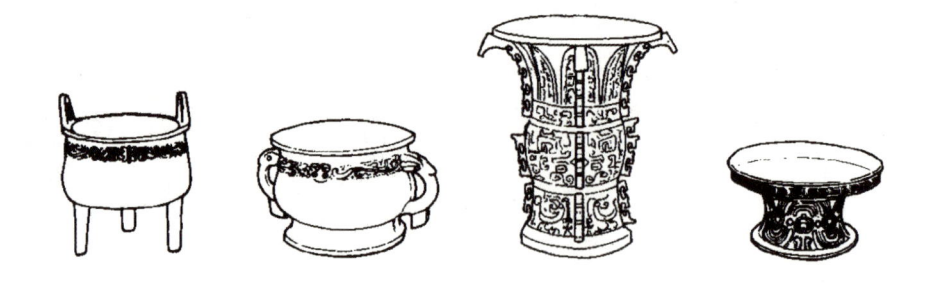

青铜鼎、青铜簋、青铜尊、青铜豆的线图

丰富的祭品

古代祭祀都有什么祭品呢？除了牛、羊、猪，还有别的吗？

由于历代的祭品多有相同之处，为了让大家更容易了解，我们就以清代在天坛圜（huán）丘祭天的仪式为例做一个说明。在圜丘正北方，有一座叫"皇穹宇"的大殿，殿内供奉着写有"皇天上帝"的神版，放置在木质神龛中。到冬至那天，皇室举行祭天大典时，就会将神版移到圜丘上。

"祭天"是古代最重要的祭祀，一般都由皇帝来主持。为了表达对滋润、哺育万物的"皇天上帝"的感恩之情，每次祭祀大典的祭品都是非常丰富的：除了牛、羊、猪以外，还有24种点心、干果、菜品以及黄米饭、小米饭、白米饭和高粱米饭，此外还有浓汤、酒类。真是一桌极其丰盛的宴席呀！

祭天时使用的食品不仅种类多，而且从选材到加工制作都特别精细讲究，比如牛、羊、猪不仅要大小一样，体格健壮，不能有一丁点杂色的皮毛，还不能有皮外伤。其中对牛的要求最高。在古代，牛是耕地的主力，是农民最好的帮手，所以很多朝代都禁止杀牛、吃牛肉。明清时期，皇帝的菜单上也是没有牛肉的，这体现了他们对农业的重视。为了表示对上天的格外敬畏，人们要选出心目中最珍贵的牛来祭祀。这些牛都是出生不到100天的黑色小公牛，它们的牛角还不能超过蚕茧的大小。这样的小牛犊非常难找，100只里也未必能挑出一只，因此小牛犊的挑选范围是全国各地。被挑选出来的牛、羊、猪等牲畜则会被专门饲养在天坛里一个叫"牺牲所"的地方。

从祭祀到纪念

随着时代更迭，社会日益进步，人们对世界和自身了解得越来越多，思想观念也越来越科学。在这一过程中，"牺牲"渐渐产生了衍生意义：从为了向神灵或祖先求福而献上的珍贵食物，变成了人们为了正义的目的舍弃自己的一些东西，甚至包括生命。而祭祀中的祭祖也演化为我们为亲人和先烈举行的纪念活动或公祭大典。清明节时，我们要给亲人扫墓，表达对他们的追思，体现的是浓浓的亲情；每年9月30日，中国烈士纪念日这一天，我们会在天安门广场的人民英雄纪念碑前举行隆重的纪念活动，缅怀先烈的丰功伟绩；每年12月13日，南京大屠杀死难者国家公祭日这一天，我们要祭奠1937年在南京大屠杀中遇难的30多万同胞，牢记历史，为世界和平贡献我们的力量。

"鼎"的大小不能随便问

问鼎

我们熟知的不少词语都和"鼎"有关，比如扛（gāng）鼎（扛鼎本义指用手举鼎，是古代的一种举重活动或杂技项目。在后来的发展中，扛鼎一词呈现出多样的比喻义，例如比喻"人有大才，能担负重任""夺取国家政权"等）、定鼎、问鼎、鼎力、鼎盛，以及一言九鼎、大名鼎鼎、鼎足而立等。这些词大都和"大""最""显赫"等意义有着密切联系，究其原因，这都和鼎的形象相关。

"鼎"是做什么用的

鼎原本是烹煮肉食的器具，最早是用陶土烧制的。让我们看看金文中的"鼎"吧。这是个象形字，下边是三个足，上面是一只大口的锅，这个字很形象地反映了鼎的原始形态。

相传，大禹建立夏朝后，用各地贡献的铜铸了九只鼎（三只圆鼎，六只方鼎），象征九州。后来九鼎由夏入商，又由商入周。但可惜的是，我们现在已经见不到这九只鼎的任何踪迹了。目前考古发现最早的青铜鼎是河南洛阳出土的夏代晚期的一只三足圆鼎，它的形状和金文中的"鼎"字非常相像。

金文"鼎"

夏代晚期的三足圆鼎

那么，商周时期的鼎是做什么用的呢？它们更多的是用来盛放煮熟的牛、羊、猪、鱼等肉类，用于祭祀天地、祖先以及各种神灵，而不是直接用来烹煮食物。当年"国之大事，在祀与戎"，也就是说祭祀和军事是一个国家最重要的两件事情，而鼎，在祭祀的礼器中就充当了最重要的角色，地位远超其他青铜器皿。

"九鼎"代表什么呢

商周时期,鼎还是统治者权力和身份等级的标志物,被用来"别上下,明贵贱"。当时,各级贵族在祭祀、宴饮、随葬等场合使用青铜器时,对青铜器的种类和数量都有严格的规定。例如,天子用九鼎,诸侯用七鼎,卿大夫用五鼎,士用三鼎或一鼎。

由于只有天子才能使用九鼎,于是九鼎被赋予了特殊的含义,成为王权的象征,谁拥有了九鼎,谁就拥有了天下。九鼎成了镇国之宝,传国重器。史书中有这样一句话:"成王定鼎于郏鄏(jiá rǔ,今属洛阳)。"意思是周成王在郏鄏定都。"定鼎"因此就成了建立新都城或建立新政权的代名词。

"问鼎"究竟问什么

我们再来说说"问鼎"吧,这个词的背后有个有趣的历史故事。

周成王迁都郏鄏后,周王朝的实力已大不如前,而诸侯国的实力却有了迅猛发展,楚国就是其中之一。有一次,楚庄王带兵经过郏鄏时,周天子派王孙满前去慰劳,楚庄王趁机问王孙满"铜鼎之大小轻重"。王孙满认为楚庄王这样问,是有了觊觎周天子王位的野心,便很严肃地回答:"周朝虽然没有原来那么强大了,但天命还在,铜鼎的大小轻重还不是你能过问的。"从此以后,"问鼎"就成了图谋夺权的代名词。不过随着时代的发展,今天人们将在体育竞赛等活动中取得冠军称为"问鼎",这个词已经被赋予了全新的含义。

鼎是重要礼器

商周时,鼎还是歌功颂德的礼器,一些王公大臣在重大庆典或接受王室赏赐时,都要铸鼎,并在鼎内铸铭文记载相关事项。你一定知道大名鼎鼎的"毛公鼎"吧!这个鼎内有铭文497个字,是已知青铜器中铭文最多的,铭文记述周王对毛公委以重任,并赏赐了大量财物的事,有非常重要的历史价值。

毛公鼎 西周 台北故宫博物院藏

我们现代人也使用鼎来表达尊敬、纪念。1995年，在联合国成立50周年的时候，我国就铸造了"世纪宝鼎"送给联合国。这只鼎高2.1米，象征即将到来的21世纪，鼎座高50厘米，象征联合国成立50周年。现在，它被陈列在联合国大厦北花园的绿色草坪上。

世纪宝鼎

"金榜"题名会有时

在我国古代,"金榜题名"是人生四大喜事之一。现在,有的同学考试得了优异的成绩或考上了理想的学校,会被称为"金榜题名";一些企业业绩突出,进入专业评比排行榜,也会被誉为"金榜题名"。为什么古往今来,人们都这么看重"金榜"呢?"金榜"是什么呢?

原来,金榜跟我国古代的科举制度息息相关。科举考试的最后一考是殿试,由皇帝亲自主持,考试结束后,要张贴皇榜来揭晓考生的名次,因为皇榜是用黄纸做成的,所以就有了"金榜"之称。

古代为什么要举行科举考试?科举考试是怎么进行的?它在古代起到了什么作用?这些都是非常有趣的问题。

古人也要参加考试吗

科举是从隋唐至明清时期,朝廷通过分科考试选拔官员的制度,是中国乃至世界历史上的一个创举。

隋代的开国皇帝隋文帝杨坚是一个有雄才大略的人,他希望全国的人才都来为国家的管理贡献力量,然而隋初时,朝廷选拔人才用的还是九品中正制,这种制度有着严重的弊端,大量真正的优秀人才被埋没了。

九品中正制不用举行考试,而是由中央委派一批官员负责选拔、推荐人才,这些官员就控制了人才的推荐,实际上绝大多数人只推荐自己的亲属或他们小圈子里的人。被选上的人掌握着权力和钱财却没有真才实干,有的甚至品德败坏,使得官场风气一片浑浊。为改变这种情况,隋文帝下令对所有被举荐上来的人进行统一的考试,择优录取,授予官职。

隋炀帝继位后设置了一个以考试文辞为主的"进士科",成为我国科举制度产生的标志。参加考试的人不需要他人举荐,可以自行报考,按考试成绩高低决定是否被录取。

科举制度把读书、应考、做官三件事紧密联系在一起,打破了以往只看出身门第的选拔方式,为普通民众开辟了一条上升的通道,在当时来说是最公平的人才选拔形式。

唐代的统治者非常认可隋代的考试办法,一边沿用,一边不断完善,使科举考试成了一种正式的制度。隋代的科举考试

没有固定的时间，考试方法也不完备。唐代则规定每年十月在长安举行考试，并且规定，能到长安参加考试的考生，必须是参加了州、县地方预试的合格者。在女皇帝武则天时，更实施了一些重大举措：她会到考场亲自提问进行考核，那些考生见到她，感到既紧张又光荣。让武则天没想到的是，她的这种做法，发展为科举考试的最高等级，也就是皇帝亲自主持考试。由于这场考试在皇宫进行，所以被称为"殿试"，也叫"御试"。不过，武则天时只是开了个头，没有形成定制，从北宋开始，殿试被正式确定下来，成为科举考试最后一场。这样一来，皇帝就把科举考试的最终录取权掌握在了自己手里。那些被录取的人，同皇帝的关系自然就加深了。这里还要说明一点，由于参加殿试的人都是地方和中央两轮考试中的佼佼者，所以这轮考试就不再有淘汰者了，只是排个名次而已。

隋代的科举考试举行的时间不固定，考试方法也不完备，只是科举制度的雏形。后来，唐代统治者对这种分科考试的制度不断加以完善，才使其确定下来，正式成为选拔官员的制度。

古代的考试时间表

科举考试也像我们现在的中考、高考一样每年都举行吗？其实并没有那么简单。

比如说，宋代初期，科举考试有时是一年一次，有时是两年一次。后来，宋英宗把考试改为了每三年举行一次。注意，这里说的每三年指的是三年为一个科举考试周期，从地方到中央，考生们得一级一级地考。

以明清两代为例，考生要在第一年秋天参加地方级的乡试。这里的"乡"指的可不是乡村，而是当时的京城和各省，相当于现在的省级行政区。乡试共考三场，每场考三天。考中者会有一个光荣的称号——举人。举人不仅可以参加下一轮的中央级考试，而且也具备了做官的资格。

到了第二年的农历二三月，各省的举人就要"进京赶考"，去都城参加春三月的会试。会试由礼部主持，在京城的贡院举行，也是考三场，共考九天，考中的人被称为"贡士"。到了农历四月，贡士们要进皇宫参加殿试，一旦过了殿试，考生们就是进士啦！

在古代，第一也称"元"，那么，乡试的第一名就叫"解（jiè）元"，会试的第一名叫"会元"，殿试的第一名叫"状元"。一个人若得了个"三连冠"，那就是著名的"连中三元"！这可太难了，要知道，在1000多年的科举考试历史中，连中三元的还不到20个人呢！

皇帝开考啦

故宫有三大殿——太和殿、中和殿和保和殿，其中太和殿和保和殿都曾是殿试的考场。

一开始，殿试并不是在殿内举行的，而是在太和殿的两廊中举行，到了乾隆五十四年（1789年）才改在保和殿内进行。殿试那天，殿内会临时摆放一排排桌子，桌上贴着考生的姓名。

太和殿

监考官除了皇帝钦点的王爷和大臣，还有4名御史。

殿试既然由皇帝主考，考题自然是皇帝说了算。

为了公平公正，皇帝会先选定8位读卷官，让他们拟出若干试题，然后再由皇帝圈定（有时皇帝也会亲自拟定试题）。为了防止漏题，皇帝要到殿试前一天才确定读卷官。一天就得出完考试题？读卷官们出题的时间可够紧张的！当他们知道自己的身份以后就要马不停蹄地赶往文华殿秘密议题。

这会，几十名工匠已经待命，做好连夜刻字、印刷试卷的准备了。

留给考生的时间也不多，殿试只有一天，他们得在天黑前交卷。能进入殿试的都是佼佼者，他们不仅要把答案写得有水平，还要把字写得工整、漂亮。字写不好可是会大大影响成绩的。

考生交卷后，读卷官出场了，他们也是评卷老师，每个人都要在两天内把所有试卷评阅完，然后选出排在前十名的试卷。

激动人心的时刻终于到来啦！殿试后第三天黎明，前十名考生的试卷将被呈给皇帝。皇帝会选出前三名，由专人再写小金榜和大金榜。

金榜怎么还有大小之分呢？原来小金榜是供皇帝看后，在金殿宣读和存档用的，而大金榜则是张贴公布用的。

清代的大金榜，高0.8米，长约20米，上面清楚地记录着每个进士的姓名、籍贯、名次，并盖有"皇帝之宝"大红印章。金榜上还有一个大大的"榜"字，显得非常气派。大金榜张贴

在长安左门外（今天安门广场东侧）的红墙上，张榜时可是人山人海，极为壮观呢！

三年一次的考试，到此就正式落下帷幕了。

与时俱进的考试

晚清时期，整个世界的政治、经济、文化都在发生急剧的变化，而科举考试却没有大的变化，它的内容也与社会需要的知识日益脱节，再加上新式教育的兴起，最终朝廷在1905年终止了科举考试，科举制度走到了生命的尽头。

科举制度在中国实行了约1300年，许多读书人的命运因为科举而发生变化。科举制度不仅在中国产生了重大影响，还走出国门，对世界文明的发展起到了巨大作用，亚洲的朝鲜、日本、越南等国，从唐代开始就将科举制度引入；欧洲的英国在19世纪末，也效仿中国科举制度，建立了文官考试制度，这是西方文官考试制度的开端。公平选拔人才的原则，正是中国科举制度的精髓。

然而，必须强调的是，科举制度没能随着时代的发展进行必要的改革，特别是到了清代，世界发展日新月异，而科举考试的内容，还是引导人们读死书、死读书，同为科学而读书的社会需要严重脱节。于是，人们纷纷要求发展新式教育，改革甚至废止科举，就连袁世凯、张之洞等大臣都联合上奏，要求"立停科举以广学堂"。为此，清政府在1905年决定废除科举制度，科举制度走到了尽头。

科举制度从兴起到衰亡，给了我们这样一个启示：任何人和事，都必须与时俱进，只有这样才能生存和发展。你说对吗？你能记住这个道理吗？

虽然这种制度已经成为历史，但人们表达美好祝愿的很多词依旧与之息息相关。金榜题名会有时，希望那个人就是你。

"禁"竟然和饮酒有关

禁止

我们经常会在生活中看到"禁止"一词，它的意思是"不许"，经常被用来约束人们的行为，如"禁止踩踏花草""禁止带危险品上车"等。有时为了进一步增强约束的力度，人们会在"禁"之前加上"严"字，如"严禁酒后驾驶"。不过，你知道吗，"禁止"的"禁"原本是一种青铜器的名称。

特别稀有的青铜禁

说到青铜器，你也许能想到鼎、尊、爵、编钟等很多耳熟能详的器物，但对青铜禁可能会感到相对陌生。这很正常，因为考古发现的青铜禁数量太少了，大家在博物馆里都很难看到，

夔纹铜禁　西周　天津博物馆藏

更别说了解它们了。青铜禁为什么这么少见呢？这是因为在周代，青铜禁是一种大型礼器，只有王室在重要的祭祀场合才会使用，铸造时需要耗费大量珍贵的铜。

这么稀少的青铜禁究竟长什么样，是做什么用的呢？

青铜禁的形状基本为长方体。以天津博物馆收藏的西周时的夔（kuí）纹铜禁为例，它长126厘米、宽46.6厘米、高23厘米，前、后壁各有16个长方形孔，左、右壁各有4个长方形孔，顶面中间部位有3个椭圆形孔。因为它的四周都装饰着生动的夔龙纹，所以才有了"夔纹铜禁"的名字。根据这些简单的描述，你能猜到它的用处吗？

其实，禁是用来盛放物品的。你看它是不是和咱们家里的茶几有些相似呢？请你再仔细观察夔纹铜禁的3个椭圆形孔，看到上面凸起的口沿了吗？那就是为了嵌合所放置的器物而设计的，可以使放在椭圆形孔里的器物更加稳定。至于放置什么器物，都是有严格规定的。比如夔纹铜禁的椭圆形孔，恰好同一般的卣（yǒu）、觥（gōng）、壶等青铜器底部形状一致，所以可以用来放置这些青铜器。

卣

觥

壶

流失海外的珍贵青铜禁

令人痛心的是,青铜禁数量本来已很稀少(传世的西周青铜禁只有两件),却还有一件流失海外。我国从地下挖掘出来的第一件青铜禁——柉(fán)禁(又称夔蝉纹禁),如今就被收藏于美国纽约的大都会艺术博物馆中。

在柉禁出土之前，人们只在古籍中了解到有"禁"这种器物，并没有人见过。据传，清代光绪二十七年（1901年），陕西宝鸡戴家湾的乡民在挖地时挖出了一座古墓，柉禁重见天日，这才让人们看到了青铜禁的庐山真面目。更重要的是，这次出土的不仅有青铜禁，还有和它配套的尊、卣、爵、觚（gū）、觯（zhì）等13件青铜器。柉禁是目前已知的西周青铜禁中唯一一件和配套青铜器一同出土的青铜禁，具有极高的学术研究价值和艺术欣赏价值。

禁酒令≠不饮酒

不知你有没有发现，和青铜禁配套的青铜器，从器物名称上看都是酒器。其实这正是周天子铸造青铜禁的关键所在。

大家都知道商代盛行饮酒，必定要制造大量酒器，所以在各个博物馆收藏、展出的商代青铜器中，酒器的种类和数量都比较多。商代的最后一位君王商纣王甚至在他的行宫里建造了酒池肉林，他和最宠爱的妃子妲己以及宠信的大臣在那里饮酒作乐，既误了国家大事，也引发了百姓的怨恨。

商朝灭亡后，给周天子辅政的周公旦仔细分析了商亡国的原因，他认为，过度饮酒是重要原因之一。为了谨记这个教训，他制定并颁布了《酒诰》，也就是禁酒令，这也是我们能看到的中国历史上第一个禁酒令。当然，《酒诰》并不是说让人们

卣　　尊　　卣
　觯　　觯
罍　爵　觯　觚　勺　觯　角　盉

柉禁及配套青铜器　西周
大都会艺术博物馆藏

一点酒也不能喝，它旨在告诫人们要适度饮酒，平常不要饮酒，只有在祭祀这样的重大仪式上，为了表示对天地神灵、国君的尊敬和对祖先的孝敬，才可以饮酒，但一定不能喝醉。

周天子下令铸"禁"

除了《酒诰》的明文规定，周天子还特意命人设计、铸造了名为"禁"的青铜器。那"禁"究竟是什么意思呢？东汉一位叫郑玄的大学问家告诉人们，"名之为禁者，因为酒戒也"，也就是说"禁"的名称其实源于戒酒的用意。

既然要让禁起到戒酒的作用，那它的使用场合就很有讲究了：每当周天子举行祭祀大典时，禁就会被摆放在一个显著的位置，禁上摆放着尊、卣、觥等酒器。在场的大多数人都是有一定身份地位的王公贵族，这些人往往也是饮酒大户，所以更是《酒诰》重点告诫的对象。

我们不妨设想一下，那些参加祭祀的贵族，穿着庄重的礼服，怀着虔诚的心情来到现场，尽管闻到了酒的美味，也端起了酒杯，可面前那醒目的禁彰显着告诫的威力，再加上祭祀时神圣严肃的气氛，禁酒的效果应该是显而易见的。西周时期的酒器明显比商代的酒器品种少、数量少，这正是当时西周禁酒的一个真实写照。

做事往往应有节有度，对成年人来说，适度饮酒是没问题的，但酒精会麻痹人的神经，喝多了不利于身体健康，甚至会酿成悲剧——那些司机酒后驾驶导致车毁人亡的事故如今仍时有发生。所以青铜禁的出现是社会文明进步的一个表现。那些由"禁止"开头的标语，无论是"禁止过度饮酒""禁止高空抛物""禁止大声喧哗"，还是"禁止翻越""禁止触摸""禁止拍照"等，它们或是为了保障我们和他人的人身安全，或是为了保护公共财物，或是为了顾及公众的感受，我们都必须严格遵守。

"门户"怎样才相当

我们每天都会说到"门"这个字,"把门锁好再走""商店开门了""快件放门口了"……带门的词也特别多,比如门钉、门面、门户、门神、门客、门生、门路、门诊等,本文就给大家讲讲"门户"这个词。

"门户"是什么

"门户"现在主要有5种含义:第一种是门的总称,1899年,正当英、法、俄、德等帝国主义国家在中国抢占势力范围、极力瓜分中国的时候,美国让中国"门户开放",以便尽情宰割中国,这里的"门户"象征中国的国门;第二种是比喻出入必经的要地,如称某地是"这一带的门户,一定要加强守护";第三种指家,如"兄弟分居,自立门户";第四种表示的是某个派别、某种团体，如"门户之见"；第五种就是门第，如"门户相当"。

　　那你知道门户的本义是什么吗？它原来是指院落的出入处。院落是由人工围合起来、与外界隔绝的私密场地，院落的出入口就是"门"，门是院落的重要构成部分；"户"早在商代的甲骨文中就有了，它是个象形字，像一扇门的形状，古人将单扇的门板称为"户"，所以古人讲"有门必有扇"，也就是有门必有户。门户开启，内外贯通；门户关闭，内外隔绝。这样大家应该明白为什么"门户"可以组成一个词了吧！

目 → 尸 → 户

甲骨文　　　篆文　　　楷体

"户"的字形演变

四合院的门

　　在古代，一个院落里居住着一户人家，每个院落都有一个院门（也叫街门、大门）。由于人们社会地位和经济收入的差异，各家的院落自然也有诸多不同，院落的面积大小、房屋高低、建材种类、装饰内容等方面都有差别，这些差别在院门（也就是门户）上有着最鲜明的体现——只要一看院门，人们就知道院内是一户怎样的人家，所以就有了"门当户对"之说。

那怎样才是"门当户对"呢？下面就以中国北方最典型的住宅——四合院的门为例，简要说明。

四合院的门，犹如一幅画作的点睛之笔，门上的讲究可大了。按照建筑的规制，四合院的门可分为屋宇式大门和墙垣式大门两大类。

1. 由房屋构成的屋宇式大门

屋宇式大门是由一间或若干间房屋构成的，设有这种大门的院落，主人一般有相当高的官职或者经济实力雄厚。屋宇式大门又可以分为王府大门、广亮大门、金柱大门、蛮子门和如意门这五种，每一种都有着鲜明的特点。

王府大门是四合院里等级最高的门。在清代，只有获得相关爵位的人的住所才能称府，如亲王府、郡王府、贝勒府等。王府大门或一溜五间大房，正中三间开有大门；或一溜三间大

醇亲王府大门

房，正中一间开有大门。

广亮大门是等级第二高的门，形式很气派，只有高官显贵才能使用。大门占一间房的位置，门洞（门道）在门扇内外各是一半。

广亮大门

金柱大门的等级仅次于广亮大门，比广亮大门的门要窄小一些，有的甚至只有广亮大门的一半宽，但其他形式与广亮大门相同。门框安在从前面数的第二根檐柱（金柱）上，外门洞空间较小，门内空间相对较大。

金柱大门

蛮子门比金柱大门略低一等，最大的特点是将门扇装在了靠外面的檐柱位置，门里空间很大，可以存放更多物品。

蛮子门

如意门的院主人一般是没有官职且没有太多财产的富裕人家。大门的位置和蛮子门一样，门扇比广亮大门要小很多，只有两个门簪，门两边空出来的地方用砖砌成砖墙。

如意门

2.开在墙上的墙垣式大门

使用墙垣式大门的院落多是普通百姓居住，这一类院落里最常见的就是随墙门了，也有人叫它窄大门，一个"窄"字和一个"墙"字，都极其形象地概括了这种门的特点：它没有门洞，只有门框和两个小门扇，进了门就是院落，自然也没有门簪、门墩和其他装饰，看上去确实有些简陋。

随墙门

大门的小构件

1.门框和门槛

四合院的门，两边竖着的是门框，上下都有横着的门槛，上面的门槛也叫门梁。门框的底端不能埋进地里，那样会很快腐朽，而要插进门枕石的沟槽中；下门槛也要嵌进门枕石侧面的沟槽中，这样门框底端和下门槛就通过门枕石牢固地连为一体了。

末代皇帝溥仪年轻的时候在紫禁城中骑自行车，那一道道大门的门槛使他感到很不方便，干脆就下令把后宫内东二长街等地几十扇大门的门槛给锯掉了。你去故宫参观的话，还能看到那些被锯掉的门槛安静地横在距离宫门不远处的宫墙下。

故宫里被锯掉的门槛

古代的大门一般是往里开，门槛在门外，门槛的高度与门口大小有关，凡是大型的门，门槛必定高，所以门槛也可以用来比喻进入某种范围的标准或者条件。

2.门枕石

这是一种长条形的石头，它露在门外的部分被制成了具有装饰性的门墩，有长方形的，像书箱；有圆形的，像战鼓。门墩的形式与身份地位有关，明清时，做官的、有功名的人家才能用鼓形门墩，而没有官职、没有功名的人家则用长方形门墩。

门墩

一词一世界

61

3. 门簪

大门门梁上的门簪本是锁合上门槛等相关木构件的一个木栓钉，由于工匠们刻意把它露在门外的一头做得很大，像妇女头上的发簪，所以被称为"门簪"。

门簪有四边形、六边形、圆形等多种式样。门簪上的文字、纹饰往往也能体现主人的身份地位和喜好意趣。比如有的门簪上描绘着兰花、荷花、菊花、梅花，喻示着春、夏、秋、冬四季；有的门簪上则是寓意美好的文字，如吉祥如意、福禄寿喜、天下太平等。如意门就是因为门簪上大多写"如意"两个字而得名。

门，或者说门户，本就是一个建筑元素，有着极强的实用功能。然而，由于门（门户）的使用者不同，它的形式也就有了差异。反过来，这些门上的种种不同，又成了人们判断其主人身份、地位、家境等因素的窗口。古代人给儿女们提亲、定亲之前，都会专门派人到对方院门前看一看，看是什么门，以及那门墩、门簪的式样和纹饰，以此考虑这门亲事是不是"门当户对"。如果对方是广亮大门、金柱大门，而自己是如意门、随墙门，那肯定就是"门不当，户不对"了。仅仅靠一扇门，就可能决定一个人一辈子的婚姻大事，这是旧时代阶层关系的一个侧面反映。而今时代进步了，这种不平等的现象已成为历史。

"大驾"是最高级别的仪仗

大驾

请求他人帮助时，我们常会说的一个词是"劳您大驾"；遇到客人来家里做客，我们也会很热情地说"欢迎大驾光临"。"大驾"在这里是一种客气的礼貌用语，含有一定的敬意。当我们究其本义时，发现"大驾"在古代礼仪文化中，是皇家出行时一种级别最高、规模最大的仪仗，是尊上的体现。

自周代制定《周礼》起，我国古代就建立了一套等级分明的礼仪制度——不同等级的人在不同场合要使用不同的排场、不同的器物。具体到出行来说，帝王出行和官员出行在车马、人员、旗帜、乐器等各个方面都有巨大差别，而皇帝出行因目的不同，使用的车马、随行人员等也有差别，并不是什么场合都是同一种规格。这就需要制立一个制度，明确规定各种不同场合的规格、等级，这种制度属于礼制。

"航拍"皇帝出行

古代将皇帝出行时的那些仪仗、车马以及随行人员总称为"卤簿"，不同目的的出行，配备不同规格的"卤簿"，而"卤簿"就是礼仪制度的一部分。今天以中国国家博物馆收藏的《大驾卤簿图书》卷为例，给大家讲一点大驾卤簿的往事。

该图画创作于元代，但描绘的却是宋代大驾卤簿的情况。全图长1481厘米，差不多是《清明上河图》长度的3倍。与《清明上河图》不同的是，这幅图除了有画面，还有大量的文字，详细注明了图中所描绘的人和物，所以被称为《大驾卤簿图书》卷。

宋代卤簿分为4个等级，即大驾卤簿、法驾卤簿、小驾卤

《大驾卤簿图书》卷（局部）　元　中国国家博物馆藏

簿和黄麾仗，其中大驾卤簿的等级最高。你现在看到的画面，仅仅是原图中很小的一部分。根据看到的情景，你能猜出全图大约有多少人、多少马、多少车吗？

答案揭晓：全图共有官吏、将士5481人，马2873匹，车61乘，大象6只，牛36头，还有很多乐器、旗帜等，场面非常宏大。这些数字是不是超出了你的想象呢？

为什么里面还有大象呢？按照礼仪制度，自汉代开始，卤簿中就有大象，而且大象排在队伍最前面，称为"象引"。古代将大象排在队伍前面，是有很强的象征性的。传说在舜担任部落联盟首领的时候，他美好的德行受到人们的一致称赞，连

《大驾卤簿图书》卷中的大象

大象都主动来帮舜耕地。大象的出现，被当时的人理解为明君在世，所以在大驾卤簿中用大象做排头兵，自然是象征皇帝是有德的明君了。再者，大象身躯庞大，也能更好地显示皇家的威仪。

《大驾卤簿图书》卷画面中有部分大驾卤簿是规格最高的，处在图中最核心的部分——那是一辆与众不同的车。它的车顶是圆形，车厢是方形，象征"天圆地方"，由6匹马拉着，即"天子驾六"。这辆车的名字叫"玉辂（lù）"。"辂"的本义是大车，因为用玉来装饰，所以叫玉辂。据记载，宋代皇帝乘坐的这辆玉辂居然还是唐朝传下来的，可以说是十分坚固耐用了。那么，动用这最高规格的大驾卤簿，皇帝是要去哪里呢？

根据礼仪制度，皇帝是要到都城河南开封的南郊举行祭祀天地的典礼。这是最隆重的祭典，所以要使用大驾卤簿。皇帝的大驾到了开封南郊，这可是名副其实的"大驾光临"了。

十里之内才是"郊"

说到"郊",你可能会想到郊区、城外、乡村。事实上,古人并不是将城外的区域都称为郊,而是按照距离城市的远近来给不同区域命名。古书上说"十里为郊",意思是说距离城墙十里的范围内都属于"郊"。那十里之外呢?请记住,每十里有一个新名字,它们分别是"牧""野""林""垌(dòng)",也就是距离城墙十到二十里的范围叫"牧",距离城墙二十到三十里的范围叫"野",以此类推。

《大驾卤簿图书》卷由于人物众多,而且非常写实,再加上有那么多详细的文字说明,所以它成为我们研究宋代服装、仪仗、兵器、乐器等内容的重要参考资料。也正因为它有极高的历史价值,所以在2008年,它作为中国名画之一"出现"在北京奥运会开幕式上,受到了全世界的瞩目。

古今礼制各不同

像《大驾卤簿图书》卷所描述的这种祭祀天地的大典,宋代前后的各朝代都要举行。这一方面是由于当时的人们缺乏自然科学知识,误以为天地间有威力巨大的天地神灵,所以要动用大量人力、物力去举行祭祀大典,祈盼天地神灵能够降福消灾,让人们过上好日子;另一方面是因为这种祭祀大典的权力是皇帝专属的,他需要用盛大的仪式来彰显自己绝对的权威,以此强化百姓对自己"天子"身份的认同,强化自己的统治。

随着封建制度被推翻,皇帝的祭祀大典成为历史,但是礼仪制度并没有消失。不同时代的礼仪制度内容自然是不同的,它要反映时代的精神面貌。现在我们在一些场合看到的仪仗队,就是当代礼仪制度的一部分。例如一个国家在迎、送来访的外国领导人时,都会举办隆重的仪式,以表达对来访者的友好与尊重。

大有说头的"五色"

相信你对五星红旗、五仁月饼、四书五经这些词语耳熟能详,那你听说过"五色"吗?2000多年前的儒家经典著作《尚书》中就已有"五色"这个词了。五色是指五种颜色,我们每天都要和颜色打交道,无论是吃的、用的、看的、写的,都离不开颜色,甚至我们说话时也常会使用五彩缤纷、五颜六色、色彩鲜艳、红得发紫之类的词语。那如果我问你,五色是指哪五种颜色,你能说上来吗?还有,你知道我们的祖先把颜色分成了"正色"和"间色"两大类吗?还有特别重要的一点,你知道古人是怎样看待这些颜色的,又是怎样运用这些颜色的吗?这些都是特别有趣的问题,咱们就从人类最早使用的颜料说起吧。

"中国红"从哪里来

在距今约3万年前,北京周口店居住着山顶洞人。考古人员发现山顶洞人会在去世的人周围撒红色粉末。经过化验,人们发现那些红色粉末竟然是赤铁矿的粉末,这成为目前所知人类把天然铁矿石作为颜料使用的最早例证。无独有偶,在更晚一些的广西、广东、青海等地的新石器时代遗址中,考古人员也发现了在人的尸体周围或身上有赤铁矿粉末的现象。古人为

什么要在埋葬死者时撒红色粉末呢？

民俗学家研究认为，红色应该是人类最先崇尚的色彩。因为初升的太阳是红彤彤的，有了太阳的照耀，人们才会感到温暖，万物才能生长，于是人们对太阳格外崇拜、依恋。再者，火也是红色的，火能给人类带来温暖、光明，人们还能用火煮熟食物或者驱逐野兽，火在人们的生活中不可或缺。所以红色成了人们心目中最重要的色彩，这一观念一直沿袭至今，现在，红色也是中国最重要的代表色。至于古人在尸体周围撒红色粉末，专家研究认为这很可能是因为人的血液是红色的，人死去血液也就枯竭了，古人撒和血液相同颜色的粉末是希望死者的灵魂永生。

古人用的颜料可以分为矿物颜料和植物颜料两种。

以红色为例，我们最常见的矿物颜料是铁红。如果你在博物馆里看到新石器时代的彩陶，那上面的红色花纹就是用铁红绘成的。铁红的颜色比较暗，不够鲜亮，色泽鲜艳的红色是矿物颜料中的朱砂呈现出来的。一些甲骨文就是用朱砂写成的。

植物颜料是西周时才开始出现的，人们从茜草、红花、苏枋等植物中提取到了红色颜料。

颜色也分等级

和红色紧密相连的是黄色、蓝色、白色、黑色，从周代起，

马厂类型彩陶四圈纹壶　新石器时代
上海博物馆藏

这五种颜色被称为"正色",其他颜色则是"间色",如大家熟悉的绿色、褐色、藕荷色、灰色等。间色一般是由正色中的颜色混合而成的,如蓝色和黄色可以调配出绿色,蓝色和红色可以调配出紫色……如果你学过三原色知识,那你肯定知道,用红黄蓝这三种颜料可以调配出任何一种颜色。

古人不仅把颜色简单地分为正色和间色,还赋予了它们不同的等级。

举个例子:现在你可以根据自己的喜好选购不同颜色、不同款式的衣服,你一眼就看上了一件漂亮的红色衣服,啊,看上去真不错！这时，如果你坐上时光机回到周代，那恭喜你啦，穿着红色衣服的你在周代也是一个"时髦小孩"；可如果时光机将你带到秦代，那你可要遇到麻烦了，因为在秦代，黑色才是最受尊崇的颜色，从帝王到百姓都要穿黑色衣服，只有犯人才穿红褐色的粗布衣服。

占据中心的黄色

古人还将五色和东西南北中五个方向以及金木水火土五种物质进行了组合，以蓝白红黑黄分别对应东西南北中和木金水火土。

那黄色和土为什么居中呢？古人认为土是孕育万物的物质，植物都会在土里生长，所以土被古人看作生命之源，黄色代表土，所以居于中心。

唐代时，封建帝王为了加强自己的统治，就将黄色进一步升级，使其成为最尊贵的颜色，成为皇族的专用色——皇帝的龙袍是黄色，皇宫的房顶是黄色，皇族打的伞是黄色……到了清代，皇宫内就连吃饭的饭碗、菜盘都是黄色。别说平民百姓，就是当官的也不能随便用黄瓦、刷黄墙、穿黄色衣服。清代时，对有大功劳的人或者特殊岗位的人，皇帝才赏一件黄马褂穿。谁要是有了黄马褂，那可真是十分风光。黄色成了帝王的专用色，那就更要占据中心的位置了。

黄色缎绣云龙狐皮龙袍　清
故宫博物院藏

青是蓝还是绿

实际上，土并不都是黄色的，北京的中山公园是明清时期的社稷坛，"社"是土地，"稷"是五谷，明清的帝王每年都要在社稷坛进行祭祀，祈祷五谷丰登。社稷坛里最重要的一个景观就是五色土，按东西南北中的方位，那里分别摆放了青土、白土、红土、黑土和黄土。这些土来自全国各地，明清时从全国300多个地方各取土100斤运到京城，那场面真的是非常壮观和隆重呢。

看到这你可能会问，为什么是青土而不是蓝土？原来，古人常常将蓝写作青，原本是东方蓝，却写成东方青，这是有讲究的。这里的青字有时可以解释为蓝，有时又可以解释为绿，

社稷坛

如青花瓷的"青花",就是蓝色的花纹;荀子讲"青,取之于蓝,而青于蓝",这第一个"青"是蓝色染料,"蓝"则是指一种叫蓼(liǎo)蓝的草本植物,人们正是从蓼蓝中提取了蓝色染料;而当人们说到青菜的时候,青又成了绿色,谁也不会把青菜当成蓝叶子的菜吧?

五色,表面上看就是红、黄、蓝、白、黑五种颜色,可说起来却有这么多讲究,中国文化的博大精深由此可见一斑!

青花折枝花果纹瓶　清
中国国家博物馆藏

没有"耕耘",哪有收获

我们经常把老师教书育人的工作赞誉为辛勤耕耘;有时人们还将研究、创作也比喻为耕耘,比如有一个词叫"笔耕不辍",指坚持写作;有一篇文章里写道:"人生还像是一块神奇的土地,我们每个人则是手握农具的耕耘者。"你知道"耕"和"耘"分别指什么吗?

10 000 年前有了"耕"

"耕耘"是农业生产中产生的词,"耕"指把田里的土翻松,"耘"指在田里除草,它们都是农业生产中的关键环节。

10 000 多年以前,我国的原始农业生产被称为"火耕"或者"刀耕",也就是人们用石斧等工具把土地上的树木、野草

等砍掉，晒干后用一把火烧光，再用木棍、竹竿等在地上挖坑，往坑里播种后适时浇水，就等着收获了。这样简单的耕种，自然会导致谷物的产量非常有限。

一些聪明的古人注意到种过谷物的土地会变硬，不翻动的话，不仅播种很费劲，还影响禾苗的生长，于是他们发明了骨耜（sì）、石耜、石铲、石锄等翻土工具。原始农业进入"耜耕"阶段。考古人员在距今 7000 年左右的浙江河姆渡遗址发现了 190 多件骨耜，这些骨耜都是用牛、羊等动物的肩胛骨制成的，捆绑上木柄就可以用来翻土、平整土地了，形状很像今天的铁锨（xiān）。

说到平整土地，这可是原始农业阶段的一个重大进步，表明人们由单纯、粗放利用土地，过渡到适当改善土地，以求得更好收成。我曾到湖南一个名为城头山的遗址参观考察，那里发现了距今6000多年的古稻田，上面有人工垒筑的田埂，田埂间是平整的稻田，田边有水坑，由水沟连接通向稻田。在距今5000年左右的一些遗址中，人们还发现了原始石犁，这种新出现的整地工具可能用于开沟排灌。

商周时期，石犁的数量越来越多，但那时的石犁入土比较浅，浅耕后种下的禾苗扎根不深，吸收的水分、营养也不多，自然不够茁壮。到春秋战国时，人们提出了"深耕熟耰（yōu）"的主张，耕种的土地要比以前挖得更深，再用耰将土块弄碎（"耰"后来也指将土块弄碎的行为），这样既便于播种，又能减少土壤水分的蒸发，让禾苗吸收更多水分。

骨耜　新石器时代
中国国家博物馆藏

石犁　新石器时代
浙江省博物馆藏

铁犁铧　战国　中国国家博物馆藏

不过，要实现深耕，之前的那些农具显然已经落后了，必须改进。恰好当时我国已有了成熟的炼铁技术，铁农具应运而生。铁农具坚固耐用，使用起来方便快捷，而且价格也比较便宜，大大提高了耕种的效率。考古发掘出的春秋战国时期的铁农具种类很多，有镢（jué）、镰、锄、铲、耙（pá）、犁铧（huá）等，可以适应各个农业生产环节的需要，其中最重要的是犁铧。当时的犁铧看起来像倒过来的帽子，将它套到木犁头上，就可以松土划沟了，在使用中磨损了还可以更换。

人的创造力是无限的，对农具的改进也是如此。汉代，人们对犁做了重大改良：一方面表现为犁铧体量加大，形状多改为舌形，长宽基本相同，这样既便于入土，也不容易损坏；另一方面，人们还发明了犁壁（也叫犁镜），它呈曲面形，装在犁铧上方。这样一来，犁不仅能松土、碎土，还能将掀起的土向一侧翻盖，杂草就随之被埋在下面做肥料了。

这犁壁看起来很普通，和犁铧装在一起也不复杂，似乎没什么了不起。但你可别小看了它，它可是实实在在地提高了农业生产效率，长期稳坐世界上最先进的农具宝座之位。

你知道吗，古代的印度、波斯和阿拉伯地区，一直使用没有犁壁的犁，农业生产效率很受影响；欧洲的犁有犁壁，但不是铁制的，是木头的，而且是直面，这样会造成犁壁和犁铧不能相互贴合，它们之间有一条很大的缝隙，犁地时杂草、

铁犁铧、铁犁壁　西汉
中国国家博物馆藏

泥土就不断夹在缝隙中，越犁地夹的就越多，弄得牛和人都特别费力气，只能隔几分钟就停下来，用木棍清除夹在缝隙中的那些杂草和泥土，很影响效率。17世纪时，荷兰海员将带有犁壁的中国犁带回荷兰，不久又传到英国、法国等欧洲国家，当地人一致认为这是最便宜最好用的犁。当然，欧洲人很快便对中国的犁进行了仿制和改进，大大促进了他们农业生产的发展。

汉代的犁架又长又重，往往要两头牛拉犁（也称"二牛抬杠"），不够灵活。到了唐代，人们对犁进行了一次大改动，将又长又直的犁辕改为弯曲的、短的"曲辕"，使整个犁架变小，重量也减轻了，只需一头牛就可以拉动。除此之外，人们还增加了保护犁壁的装置，改进了调节犁头入土深浅的装置，使操作更省力。宋代犁辕的犁身整体缩小，犁的重量进一步减轻，变得更加灵活便捷。这样的犁不仅适用于平地，在山区梯田上也可以使用。传统的犁就此定型，一直沿用到近代。

中耕除草，不稂不莠

野草有极强的生命力，田地里的野草会和作物争夺水分、养料和阳光。人们逐渐认识到除草能促进作物生长，收获更多的粮食，"中耕"这个技术环节便产生了。

中耕就是在作物生长期，在植株之间锄草、松土、培土等。

锄草不仅可以除去野草，打破水分蒸发的通道，而且由于铁锄要深入地下一寸（约3厘米），也疏松了土壤，让作物能更好地生长。

《诗经》里有一句"不稂(láng)不莠(yǒu)"，稂和莠都是长得像禾苗的野草，它们会妨碍禾苗的生长。诗句的原义是说，人们要把野草清除干净，达到"不稂不莠"的程度。可见当时人们对中耕除草的重视。

战国时称中耕除草为"耨(nòu)"，当时除草的小铁锄也叫耨，它只有人的小手臂那么长。后来人们发明了一种六角形铁锄，安在长木柄上使用能大大省力，提高除草的效率。

战国时期的六角形铁锄

到了汉代，由于更讲究精耕细作，所以人们对各种作物都要进行多次中耕除草。虽然多流了一些汗，但作物产量多了很多，所有的辛苦都是值得的！

现在，你有没有感受到，用"耕耘"来赞美老师的教学实在是太恰当了！农民耕种要深耕，老师教学要挖掘每节课的知识点，帮助同学们深入理解。我们学习知识也不能浅尝辄止，应当学深学透，才能真正掌握。老师讲得深入透彻，我们学得明白扎实，收获得也多，这不就像人们耕种获得收成一样吗？老师在教书的同时，还要指引我们克服各种缺点，让我们在成长过程中找到正确的前进方向；我们自己也要善于发现和敢于正视自己的不足，并及时修正错误，这不就是中耕锄草嘛！让我们每个人都在学习、生活时努力耕耘吧！

"五谷"丰登，国泰民安

今天，当形容一些人不爱劳动又缺少农业常识时，我们往往爱说"四体不勤，五谷不分"；而当形容粮食丰收、生活富裕时，人们就会说"五谷丰登，国泰民安"。这里的五谷指的是什么，又有着怎样的历史呢？

别看五谷就两个字，古书上对它的说法却很不一致，有的说是"黍（shǔ）稷（jì）菽（shū）麦稻"，有的说是"稻稷麦豆麻"，还有的说是"稻黍稷麦菽"，等等。这么多种说法，哪种正确呀？其实都正确，因为五谷是我国古代对几种主要粮食作物的泛称，黄河流域以旱田作物为主，于是中原地区留存的文献中就没有把水稻列入五谷；而居住在长江流域的人，也没有在五谷中加入黍。如果一定要确认具体是哪五种作物才算五谷的话，大多数专家认为应该是"稻粟（sù）黍菽麦"，它们大都有8000年以上的历史。

"年岁"最大的水稻

五谷中"年岁"最大的是稻，非常有趣的是，随着考古发掘不断取得新成果，它的"年岁"也呈现出跳跃式的增长。

在20世纪60年代，我在中国历史博物馆（今中国国家博物馆）给一位外国农业科学院院长讲解时，我们就水稻的原产地产生了"激烈"的争论。我讲中国的水稻是世界上最早的，当时我们发现的水稻遗存距今4000多年，他说他们国家发现的水稻是最早的，也是距今4000多年，我们互不服气。到20世纪70年代，考古人员在浙江余姚河姆渡遗址发

河姆渡遗址出土的稻谷

带藤条残木柄骨耜　新石器时代
浙江省博物馆藏

现了大面积的稻谷遗存,时间是距今6900年左右,伴随稻谷出土的,还有骨耜等典型的农具。这一发现引起了世人的广泛关注,那些稻谷也成为当时世界上最早的稻谷遗存。

历史的脚步没有就此停止,到20世纪80年代,湖北、湖南发现了距今8000年的稻谷遗存;到20世纪90年代,江西万年吊桶环遗址、广东英德牛栏洞遗址又先后有了新发现,说明距今10 000多年前,我国的原始居民就已栽培水稻,这进一步证明了中国是水稻的起源地之一。

我们的祖先通过对水稻的培育,为人类的饮食发展做出了巨大的贡献。此外,我们的祖先在距今7000年时就懂得了用蒸汽加工食物,制成了蒸食物的陶甑(zèng),所以我曾跟很多同学说,是中国人蒸熟了世界上第一碗米饭。

器盖、陶甑和夹砂陶罐
新石器时代
西安半坡博物馆藏

草鞋山遗址出土的红陶甑

营养价值高的粟和黍

粟即谷子,去皮后叫小米,很多人用它煮粥。小米的营养价值非常高,蛋白质、脂肪含量都高于大米,还含有丰富的维生素,对我们的身体很有益处。黍是糜子,去皮后叫黄米,它比小米颗粒略大一点,黏性更大,人们喜欢用它来做粽子。目前在辽宁、河北、河南等地发现了距今8000多年的粟,在内蒙古发现了距今8000多年的黍。更令人惊喜的是,在北京东胡林遗址距今11 000~9000年的文化堆积中,同时发现了粟和黍两种谷物。粟和黍都比较耐旱,对土壤的肥力要求也很低,最早主要种植在我国北方地区。在宋代以前,粟和黍一直是北方地区人们的主食。

考古人员在河南洛阳发现了隋唐时期储存粮食的大型国家粮

通天洞遗址出土的炭化黍

仓——含嘉仓，有400多座仓窖，其中的一座仓窖就储存有约50万斤粟粒（已炭化），这样看来，当年粟的种植面积肯定非常大。

含嘉仓160号仓窖遗址

用途广泛的菽

菽是古代对大豆的叫法。《诗经》中有"中原有菽,庶民采之"的诗句。毛主席曾引用古义,在诗词中写道："喜看稻菽千重浪，遍地英雄下夕烟。"大豆原产于我国北方，河南曾出土4000多年前的大豆。需要特别强调的一点是，聪明的华夏儿女，不仅把大豆作为粮食，还将大豆做成了酱油和豆腐，大大提高了人们的饮食水平。

豆腐是营养丰富且价格低廉的美食，在世界各地都有很多粉丝。注意，在"豆腐是什么时候发明的"这个关键问题上，曾有一个影响广泛的错误说法——汉代时由淮南王刘安发明了豆腐。事实上，到了宋代才有豆腐，在宋代史料和苏轼的诗词中都有记载。

在湖南沅（yuán）陵侯墓中出土的竹简《美食方》中记有"菽酱汁"。菽酱汁就是酱油，说明至少在2000年前的西汉时期，人们就用酱油做调料了。

抗冻的小麦

对于小麦你是不是更加熟悉呀？它在我国已有5000多年的种植史，在甘肃张掖东灰山遗址出土了目前所知我国最早的小麦颗粒（已炭化）。到了商周时期，小麦的种植就比较普遍了。若从世界范围看，伊拉克曾出土距今8000年的小麦，较中国更早。

很多学者认为小麦的原产地在西亚，中国的小麦是从西亚传入的。但也有学者主张中国的小麦是独立起源的。这个学术问题有待更多的考古发现去解决。

说到麦子，有这么一个问题，战国时期的著作《管子》中说"麦者，谷之始也"，这句话该怎么理解呢？从各种谷物的最早种植年代来看，麦子并不是最早的，为什么管仲说它是"谷之始"呢？原来，麦子是越冬的作物，每年9月下旬播种，冬天的时候，地表的麦苗都蔫儿了，但没有死，第二年春天开始返青，到5月下旬就成熟可以收割了，这时其他农作物有的刚出苗，有的还没播种，所以管仲说麦子是谷物的开始。

看了这5种粮食作物的介绍，再对照一下古人对五谷的几种说法，你有没有对"麻"产生疑问呢？在咱们的印象中，麻是纺织的材料，可以做成麻布、麻绳、麻袋等生活用品，为什么麻还是粮食呢？原来麻是雌雄异株的草本植物，雄麻只开花不结果，纤维细柔，适宜做纺织原料，古人将这种雄麻叫枲（xǐ）；雌麻被称作苴（jū），它结的籽粒是可以食用的。我们的祖先起码在5000年前就食用麻籽了，甘肃就曾出土5000年前的麻籽。汉代以后，人们就将麻籽作为油料了，用它榨油或者做火炬（火烛）。

看到这，不知你有没有想过这么一个问题：我们现在常吃的玉米为什么没有在五谷中呢？因为玉米是一个典型的"外来客"，是在明代中期才从美洲传到中国的，在中国只有500多年的种植史，所以中国古代的史料中并没有它。别看玉米来得晚，但它产量高，很快就成了我国粮食作物中的重要成员。在我国经济不景气的时候，玉米更成了粮食中的"主力军"。

中国自古以来就特别重视农业，农业是国民经济的基础。只有粮食大丰收，人民吃饱饭，才能真正保证人民安康、国家安定，所以"五谷丰登"对于中国人来说意义非凡！

利用"发酵"做出了大成就

发酵

现在，我们每家的厨房中都少不了醋、酱油等调味品。你知道吗，醋和酱油曾经是我国特有的调味品呢。就以醋为例吧，中国有陈醋、米醋、香醋、白醋、熏醋等多个品种。可是如果你到欧美国家旅游，你会发现他们餐桌上的酸味调味品则是诸如柠檬汁这样的各种酸果汁，很少能见到醋。为什么会这样呢？那是因为我们的祖先很早就学会用谷物来酿造醋了，并且创造了一套特有的发酵技术。

"发酵"这个词你一定不陌生，发酵是一种常见的自然现象，地球上几乎无处不在。难能可贵的是，我们的祖先在发酵上有了大发明，做出了大成就。他们在谷物发酵的过程中，巧妙地利用微生物制成了"曲蘖（niè）"，从而开发出酒、醋、酱等的酿造技术。在现代生物学上，这是生物技术中的发酵工程，包含了对微生物的选育、培养基的配制、灭菌、培养、发酵和使用等过程。

实践出真知

微生物形体非常微小，一般用肉眼看不到，只有借助显微镜才能看到。微生物在我们的生活中无处不在，就连你的身体里面也有呢。对于古人来说，他们可不知道什么是微生物，当然也不知道微生物的无处不在。可他们却实实在在地利用了微生物，这就是实践出真知的道理。

那他们是怎么从实践中得到真知的呢？这主要归功于他们能认真观察身边的事物，并大胆实践、积极探索和善于总结。就拿霉菌来说吧，咱们每个家庭都会遇到它，家里的苹果、面包、馒头、烙饼等，有时放置的时间长了就会坏掉，坏掉的部分会出现一些深色的斑点，有时斑点上还会长出"毛毛"，闻一闻味道都变了，这时我们往往就会说"发霉了，不能吃了"。

发霉的面包

这就是一种叫霉菌的微生物在作怪，它让食物腐烂变质了。

古人同样也会遇到这种问题。在六七千年前，人们收获的谷物需要储存起来，可当时储存谷物的设备是很简陋的，这很容易让谷物受潮，谷物长芽、发霉的情况时有发生。可那时的人们不舍得把长芽、发霉的谷物扔掉，就将它们泡在水中想去除霉味后继续吃。然而，令人意想不到的事情发生了。有一次，人们把浸泡在陶缸中长芽、发霉的谷物忘了，好多天以后才想起来。等掀掉盖在陶缸上的一片石板后，人们先是闻到一股特殊的气味，而且这气味还挺好闻的；然后尝了尝缸里的水，竟然有点甜丝丝的；再抓一把缸中的米放到嘴里，觉得很好吃，吃完以后感觉身体有点发热。看到这，你能猜出这是怎么回事吗？

原来，那些泡在水里的长芽、发霉的谷物在微生物的作用下，产生了天然的曲蘖，经过一段时间的发酵后，谷物中的淀粉被分解并发生转化，产生了乙醇（酒精），从而散发出芳香的气味。古人当然不知道其中的科学原理，但他们有一股了不起的钻研劲头，从中得到启发后，他们不断调整谷物和水的比例、浸泡时间的长短、水的温度等。在这种反反复复的操作中，人们积累了许多经验，成功制造出了酒曲，酿出了酒。

科学家在河南舞阳贾湖遗址出土的陶器残片和浙江义乌桥头遗址出土的陶器内壁上，都测定出了酒石酸，将我国酿酒的历史提前到距今9000年左右。酿酒的原料是稻米和水果，那些陶器应该是当年酿酒或盛酒用的。这两个发现，是目前所知中国酒的最早实证。

酒曲的秘密

桥头遗址出土的陶器

前面我们两次提到"曲蘖"这个词，这是人们对我国早期酒曲的定名，因为从外观上看，它就是松散的、长芽的、发霉的谷粒。随着制造酒曲技术的进步，到汉代时，不仅酒曲的种类多了，而且人们还制成了砖块状的酒曲，称之为"饼曲"。从松散的酒曲到成块的酒曲，这可是酒曲在制造技术上的一个飞跃。块状的酒曲比散状的酒曲保存的时间更长，而且运输起来也更加方便。你说古人多聪明啊！

说到酒曲，接下来给大家讲一个偷"砖头"的故事。你知道吗，在明清时期，有许多西方的传教士来到中国，他们当中有些人有特殊身份，千方百计地刺探我国的情报，搜寻各种宝物。有传教士注意到了我国的酒曲，觉得它非常神奇，就设法偷了一块特殊的砖头——块状酒曲，秘密运送到欧洲，请科学家研究。结果一位法国科学家从酒曲中分离出了几种霉菌，他认识到了霉菌在发酵过程中起的重要作用，并初步揭示了我国酒曲的独特作用。他还在欧洲申请了应用霉菌生产酒精的专利。

块状酒曲

法国科学家对我国酒曲的揭秘，使西方科学家茅塞顿开，他们进一步认识到霉菌等微生物在发酵技术上是大有可为的，很快在有机酸、氨基酸的发酵技术上有了新成就。而通过对霉菌的研究，英国科学家在1928年发现了青霉素，能够治疗由细菌引起的多种疾病。很快，青霉素就实现了工业化的生产。看到这，你是不是对酒曲有些刮目相看了呢？再告诉你一件事情吧，有些国外的科学家认为，酒曲的发明与应用应该和我国的"四大发明"——指南针、造纸术、火药、印刷术并列在一起，成为我国的"第五大发明"。

醋的妙用

除了酿酒，本文开头讲的醋和酱油的酿造也一样离不开发酵。非常有意思的是，醋和酒的酿造竟然有直接的关联，乃至醋又有"苦酒"之称。相信你也听过"自己酿的苦酒自己喝"这个说法，这里的"苦酒"就是醋。那么醋是怎么跟酒沾上边的呢？原来醋的最初制法是先将小米和水按1:5的配比煮成粥，再加入曲蘖使小米粥发酵，在发酵过程中，多种微生物发挥综合作用，将粥中的淀粉先转化为糖，糖再转化成酒精，然后靠醋酸菌的作用，将酒精再转化成醋酸，醋酸就是醋的主要成分。有科学家推断，在五六千年前，中国古人就会酿造醋了。

醋在商周时被称为"醯（xī）"。《周礼》中"醯人"指的就是周王室专管制醋的官员。到了汉代，醋开始被称为"酢（cù）"。由于醋的制造和食用都比较普遍了，所以北魏著名农学家贾思勰（xié）在他著的《齐民要术》中竟然写了22种"制酢法"，他还自注道："酢，今醋也。"

你知道吗，醋除了作为调味品，还有其他多种妙用呢！自古以来，醋和酒都曾被作为药使用。名医扁鹊就告诉人们醋能消毒；李时珍则说在室内蒸发醋，能给空气消毒，他还说醋能健胃消食，能"杀恶毒，破结气"，他在《本草纲目》

贾思勰雕塑

中列了 30 多种用醋的药方。

除了药用，醋还可以除垢。家中煮水的壶结了水垢，用醋泡一泡、煮一煮就能将水垢轻松消除。一些铜、铝器皿生了锈，有了污渍，用醋擦拭后可以光洁如初……这主要是醋里的醋酸在起作用。除了醋酸，醋中还有氨基酸、乳酸等其他酸，当然含量最多的是醋酸。

你会"吃醋"吗

说到醋，还有个有趣的事，那就是"吃醋"。"吃醋"原本是食用醋的意思，但这里却多了一层"忌妒"的含义，你知道这是为什么吗？这其实源于唐朝一个真实的故事。唐太宗时，有个著名的大臣叫房玄龄，位居宰相，他办事特别认真、公道，受到官员们的一致好评。唐太宗为了褒奖他，除了赏赐财物外，还想给他几个美女。房玄龄得知此事后，怕妻子卢氏反对，赶忙婉言谢绝。唐太宗知道原因后，就派皇后去劝说卢氏，但任凭皇后怎么劝说，卢氏就是不答应。唐太宗还是不死心，就派人带了一壶酒去向卢氏传旨，说如果她再固执下去，不接受皇帝的美意，就赐给她壶中的毒酒喝。卢氏听了以后，毫不犹豫地夺过酒壶，将壶中的酒一饮而尽，然而，她却没有被毒死。原来壶中装的不是毒酒而是醋。知道了这个结果后，唐太宗也只好作罢，收回了给房玄龄美女的成命。从此以后，"吃醋"

就有了忌妒的含义。现在，当有人看到别人学习或工作成绩比自己好，流露出一些忌妒之意，或讲一些贬低他人的话时，别人就会说他有"醋意"。希望你不爱"吃醋"，因为它不利于团结。

酱和酱油是一家

接下来说说酱和酱油，这也是与人们的生活关系较为密切的调味品。不过有一点你肯定不知道，那就是先有的肉酱，后有的用粮食做的酱。人们将鲜肉切碎，用曲蘖、盐拌匀后，装进陶瓮一类的容器，用泥封上容器的口，放在太阳下晒，使之发酵，肉中的蛋白质经过微生物的分解，产生氨基酸等物质，同时盐又限制了一些有害霉菌的形成。十多天后，人们去掉封泥，闻到一股鲜香味，肉酱就做成了。肉酱在古代被称为"醢（hǎi）"，有牛醢、豕醢、麋（鹿的一种）醢、鱼醢等，连青蛙、田螺都可以做酱。有的贵族还讲究吃不同的肉要配不同的酱，如吃熟麋肉，配鱼酱；吃牛羊肉，配青蛙酱。孔子就曾说"不得其酱，不食"。

周代时，人们掌握了用谷物制酱的方法。前面提到的肉酱，主要是一种食品，而用谷物制作的酱，则主要是调味品。《周礼》记载，周王室"酱用百有二十瓮"，可见当时酱不仅种类多，量也很大。

我国制酱用的谷物主要是大豆，现在我们经常听到"豆瓣酱"这个名字。而将大豆和面相混合做甜面酱则始于唐以后。你一定吃过烤鸭吧,其中配的小料中就有甜面酱。制酱非常关键的一个程序是晒,一边晒还要一边用木棍搅动酱料,好让它充分发酵。一瓮酱的制成要100多天呢。

制酱的过程中会产生酱汁,人们设法取出这些酱汁,再在太阳下晒上一二十天,就是酱油了。后来人们对酱油的需求远远大于对酱的需求,于是在制酱的基础上,专门开发了制作酱油的工艺。《齐民要术》一书中讲到"酱清",这很可能是酱油最初的名称。宋代的书籍中才有了"酱油"这两个字。现在酱油分为"生抽""老抽",其实将酱油称为"抽",是从清代开始的。本色的酱油称"生抽",将其在阳光下再晒上几十天,使之增色,酱香味变浓,就成了"老抽"。

我国利用发酵技术制成的食品还有很多,如泡菜、豆豉、酱豆腐、臭豆腐等。我们的老祖宗创造的发酵技术,实实在在地造福了子孙后代,造福了全人类,我们应该为之点个大大的赞。

最后再讲一句,"发酵"作为一个名词还有新的含义,现在一些事情的持续发展,有时就用"发酵"来形容。你能举个例子吗?

"六畜"兴旺，人心所向（一）

六畜

自古以来，人们就年年期盼五谷丰登，六畜兴旺，因为这是人们生活的物质基础。那你知道什么是六畜吗？《三字经》里讲"马牛羊，鸡犬豕，此六畜，人所饲"。原来六畜说的是马、牛、羊、鸡、狗、猪。我国是从什么时候开始饲养这六种动物的呢？它们和人类又有哪些特别的关系呢？

从大的社会环境讲，人类是在谷物种植发展到一定水平时，才将捕捉到的野生动物圈养起来，慢慢地将其驯化成家畜的。那么，你知道六畜中哪一种是最早被驯化的吗？

人类忠实的朋友

　　从考古的成果看，最早成为家畜的是狗。河北保定出土了距今10 000年左右的狗的遗骸，专家研究后认为这是人类驯化的狗。那狗是怎么被驯化的呢？原来，狗的祖先是狼，古人将捕获的狼崽饲养起来，日子一长，狼崽渐渐表现出了对人的亲近感，向人摇尾、舔舐等，而且由于生活环境的变化，它们不再到处奔跑觅食，形体也有了变化，渐渐地就被驯化，变成了家畜狗。狗就成了第一种能与人亲近的动物。

　　我们都知道，"犬"这个字说的也是狗。为什么一种动物会有两个名称呢？告诉你吧，其实是先有了"犬"字，后来才有了"狗"字。甲骨文中就有几种不同写法的"犬"字，都是象形字，形态非常逼真。"狗"字则最早出现在西周早期的青铜器铭文中，比"犬"字晚了几百年。东汉的《说文解字》中称"大者为犬，小者为狗"。按这种说法，它们的区别在于大

甲骨文"犬"字的不同写法

小。还有古书说,犬是指猎犬,这种说法和今天我们将一些有特殊功能的狗称为犬是同一个意思,如军犬、警犬、搜救犬、缉毒犬等。

在所有的动物中,狗对人的忠诚度是最高的,与人类的互动关系也最多,所以说狗是人类忠实的朋友,你同意吗?

狗的十八般武艺

四五千年前,狗就能为主人看家护院了,而且这种行为一直延续到现在。几十年前农村家家户户都有护院的狗,有的博物馆养着警卫犬,以防盗窃。有意思的是,古人还曾用狗来看守监狱。你看,这"狱"字的字形不就像两只狗在发声吗?

帮人狩猎更是狗的拿手好戏,狗拥有敏锐的视觉、听觉、嗅觉和强烈的攻击性,这些对于狩猎都十分必要。除了帮人狩猎,狗在搜寻、追捕犯罪嫌疑人,发生地震、泥石

绿釉陶狗　东汉
山东博物馆藏

流等自然灾害后搜救幸存者等方面，也发挥着重要的作用。

我国有些地方的人还将狗做动力使用，用狗拉车、拉爬犁。狗虽然没有牛、马的劲大，可几只甚至十几只狗一起拉上爬犁，那速度还是很快的。

现在很多人都将狗当作宠物养，其实古代也是如此。比如唐代的杨贵妃就养了一只宠物狗。有一次，杨贵妃抱着宠物狗观看唐明皇和一位亲王下围棋，眼看皇帝就要输棋了，杨贵妃灵机一动，让怀里的小狗跳上棋盘，搅乱了棋局。亲王很是懊丧，皇帝则心中大喜。这就是杨贵妃以狗乱棋局的故事。

人类的生活离不开猪

有俗语说，六畜猪为宝，四时春最早。六畜在饲养历史上排在第二位的就是猪了。河南舞阳贾湖遗址出土了距今9000年左右的家猪骨骼，证明最晚在9000年前人们就饲养猪了。

请注意，我用了"最晚"两个字，这是因为贾湖遗址出土

贾湖遗址出土的猪下颌骨

猪尊　商　湖南博物院藏

的猪骨已经有了较为明显的家猪的特征。要知道家猪和野猪的模样是不一样的：野猪有大獠牙、长嘴巴，前半身的肌肉特别发达，能占全身肌肉的70%；家猪则是后半身的肌肉发达，而且没有大獠牙。野猪经过人类的驯化，体形慢慢发生了变化，野猪变成现代家猪的样子，经历了漫长的过程。

你知道吗？对猪的驯化、饲养和选育，可是我国古代人民对世界的一大贡献。猪是人类肉食的稳定来源，猪肉能够帮助人们增强体质。在北京大学赛克勒考古与艺术博物馆举办的一个名为"与猪同行"的展览中，曾介绍亚洲各国养的猪基本都来自中国。还有一个事实是，元代时来中国旅行的意大利人马可·波罗，将我国浙江金华火腿的制作方法传到欧洲，成为欧洲火腿的起源。

此外，猪在祭祀、丧葬等领域也扮演着重要的角色。贾湖遗址的墓葬中就出现了猪下颌骨，在原始社会时期的许多遗址中，也都出现了将猪作为随葬品的现象。有专家认为，当时的人很可能把猪当作财产，所以死后要让它陪伴主人，这种习俗一直延续到商代。

在祭祀中，猪也是不可缺少的。考古人员在河南一处商城遗址中发掘到一条祭祀沟，里面有300余头猪的骨骸，大多还是完整的。商代时，人们祭祀祖先主要使用的就是猪，在屋子里供上猪，合家进行祭祀，"家"字就是这么来的，"宀"下面的"豕"，不就是猪吗？和"家"相近的字是"冢"，它是用猪随葬的写照。"家""冢"这两个字都表明了人和猪的紧密关系。

人们还用玉石雕琢猪的形象。约5000年前，人们雕琢了一种著名的玉器——玉猪龙，上面就有一个非常形象的猪头；安徽马鞍山凌家滩遗址出土了一只距今5500年左右的玉猪，长70多厘米，重约80千克，是目前我国发现的最大的玉猪。古人用玉石雕琢猪，很可能是表达对猪的敬畏，说明猪在人们心中有着很高的地位。

玉猪　新石器时代
安徽省文物考古研究所藏

玉猪龙　新石器时代
辽宁省博物馆藏

全身都是宝

古人认为猪全身都是宝，养猪可以致富，将猪称为"乌金"。那么，猪身上都有哪些宝呢？给大家讲一个有味道的宝吧，那就是粪肥。30多年前，我曾在农村起猪圈，也就是将猪圈里那厚厚的粪肥拉到田地里去。说实话，猪粪特别特别臭，有时让人感觉很恶心，但对农民来说，这绝对是宝贝啊！此外，猪皮、猪脖子上部的硬毛——猪鬃也都是宝贝，特别是猪鬃，还曾一度成为战略物资呢。

在古代，人们还把猪作为招财进宝的吉祥象征。民间流传着"猪肥仓满""猪入门，百福臻"等吉利的话语。人们还创作了"肥猪拱门""金猪送财"等祈求富足美满的艺术品。有的地方还流传着给孩子制作猪形枕、猪头鞋、猪头帽子的习俗，寄托着家人对孩子的美好期盼。著名美术大师韩美林曾为2019年乙亥猪年设计了两枚生肖邮票，一枚为"肥猪旺福"，一枚为"五福齐聚"，表达了人们对美好生活的向往和对五福临门的祝愿。

"肥猪旺福"邮票

"五福齐聚"邮票

"六畜"兴旺，人心所向（二）

现在开始说牛，先说在全国各地大都能看到的黄牛（青藏高原有牦牛，南方地区有水牛）。人们在甘肃发现了距今5500～5000年的黄牛遗骸，说明黄牛在我国作为家畜的历史不少于5000年。在距今大约4500年的时候，黄牛在中原地区出现了。几千年来，牛最重要的作用，也可以说是最大的贡献，是它的力量。看到这，你可能会问：牛最大的贡献难道不是给我们提供了牛肉吃吗？牛的力量怎么成了最重要的呢？这就需要学会从历史的角度看问题了。

为人类贡献力量的耕牛

我国是一个农业大国,历史上我们的祖祖辈辈都以种田为生。在《没有"耕耘",哪有收获》一文中,我讲了在农业生产中耕耘是非常重要的,而耕地是一个特别需要力气的活。现在,农民可以借助各种机械来耕地,而在没有机械的时候,耕地就全靠人和牛了。

我见过人拉犁来耕地,既不能进行深耕,人还累得浑身出汗、双腿打战,一边拉着犁一边大口喘气。那牛拉犁就不一样了,牛的劲多大呀,可以进行深耕。你可千万别小看深耕,它能改良土壤,能去除一些杂草,从而提高土地的产量。再一个就是牛耕大大减轻了人的劳动量,使人们可以有时间从事其他的生产活动。另外,由于牛耕效率高,过去人拉犁要三天才能

牛尊　周　陕西历史博物馆藏

耕完的地，牛不用一天就耕完了，这样人们就可以大量开垦荒地，大大提高粮食的总产量，为人口的不断增长提供保障。

除了耕地，牛还可用于运输，用牛拉车运送各种东西。说到这，你明白我为什么讲牛对人最大的贡献是力量了吧。由于牛在农业生产中这么重要，因此牛成了农民的大宝贝，有些农户还把牛看成是重要的家庭成员。历史上有些朝代还制定了法律来保护耕牛，对偷耕牛、私自宰杀耕牛的人都要予以重罚。

俯首甘为孺子牛

除了耕地、拉车，牛在古代的祭祀大典中也发挥了重要作用。在4000多年前的遗址中就有用牛祭祀的实证。在商代，最高等级的祭祀叫"太牢"，必须有牛，如果没有牛，只有猪、羊，就只能叫"少牢"，降了等级。当时的甲骨文中多次记录了用牛祭祀的情况，这说明在古人的心目中，牛还有通神的灵气，绝对不可小看。

人们还总结出牛的一些优点，比如憨厚、忠诚、坚忍、肯吃苦、肯出力等，并且从牛的这些优点中进一步提炼出人的品质，比如鼓励大家要做为民服务的孺子牛、创新发展的拓荒牛、艰苦奋斗的老黄牛。我曾请人为我画了一幅名为"俯首甘为孺子牛"的国画，一直挂在房间里，以此勉励自己。

传递吉祥的羊

六畜中最有美好象征意义的就是羊了，若以文字举例，鲜、美、善、義（"义"字的繁体）、群、洋、羨、祥这些字中都少不了"羊"，而"祥"字和"羊"字在古文中更是相通的。

《说文解字》中记载："羊，祥也。"所以"吉羊"就是"吉祥"。后来由于字形偏旁的增加，"羊""祥"才演化成两个不同的字。在古代，新年时，有的人家有在门上悬挂羊头、鸡头的习俗，羊是"祥"，鸡是"吉"，表示人们祈求吉祥的意思。

古人在新年的时候还喜欢讲"三阳开泰"，也就是希望好运降临的意思，可是往往我们看到的文字则是"三羊开泰"，人们以谐音的方法用"羊"代替了"阳"。在名为"三阳开泰"的绘画中，也是三只羊在向人们传递着吉祥、福祉。

和牛一样，羊最早也出现在甘肃等西北地区，距今约5000年。羊和牛同时出现在了甲骨文中，都是象形字，都是以它

甲骨文"羊"

甲骨文"牛"

们头部的正面为字形的，字形中还都突出了它们那对角，简直就是牛头、羊头的写照。

羊和牛、猪一样，也是古代祭祀活动中的"牺牲"，此外，羊毛还被人们用作纺织的原料。我国古代纺织的原料分两种，一种是植物纤维，如棉、麻、葛；另一种是动物纤维，如蚕丝、羊毛、羽毛等。我在上中学的时候，若能穿上一件用羊毛织成的背心或者毛衣，那可是一件非常开心的事情。

知恩图报的羊

羊还有一点让人们津津乐道，那就是它们的感恩之心。你知道吗？小羊羔吃奶时都是跪着的，这本是它们的一种天性，但却给人们一种深深的启示，认为小羊羔的跪乳是为了报答母亲的哺乳之恩。人们还发现小乌鸦有衔食喂养母鸦的行为。

明代有一本儿童启蒙读物《增广贤文》，其中就有"羊有跪乳之恩，鸦有反哺之义"的语句，以动物喻人，强调了子女对父母要有感恩尽孝的心，要懂得孝顺父母，强调孝为德之本，永远不可忘。你一定听过"饮水思源"这个成语吧，它就是中华民族传统美德中的"知恩图报"，告诉人们得到恩惠要想着报答，对于父母的养育之恩，更要报答。

羊羔跪乳的行为深深打动着古人，所以他们制作了许多以跪伏着的羊为题材的艺术品。以下页这件青瓷羊为例，它的四

青瓷羊形烛台　东晋　中国国家博物馆藏

肢跪伏在地上,挺直了脖子微抬着头,那抿着的小嘴似乎在吸吮母亲的乳汁,是不是非常可爱呀?这件青瓷羊其实是一件烛台,羊的头顶有一个小圆孔,用来安插蜡烛。这种烛台古人基本会天天用,天天看,既实用,又起到了一定的警醒作用。

惩恶扬善的独角兽

此外,古人还创造了一只神羊呢,就像创造龙、凤一样,人们希望它可以惩恶扬善。这只神羊的大名叫獬豸(xiè zhì),小名叫独角兽。传说在四五千年前的时候,尧是部落联盟首领,尧的部下有一位专管审判的官叫皋陶（gāo yáo），皋陶一心保护好人，惩办坏人。他审案的时候有一个跟别人不一样的做法，每当遇到疑案，实在分不清谁是坏人、谁是好人的时候，皋陶就请长着一只角的神羊来帮忙，神羊来到大堂以后，如果谁有罪，它就用角去顶谁，没有罪的人它可不会去顶，每次都不会顶错。这样一来，皋陶判的案子就会清清楚楚，不会冤枉好人了。

随着时间的推移，独角兽的传说也越来越多，人们赋予它的本领也越来越大。在2000多年前的时候，传说独角兽被养在皇宫里，如果发现了坏人，就会用角把他给顶倒，然后将他吃进肚子里。有人说，独角兽不单在皇宫和审判的大堂上能分辨好人和坏人，如果有人在大街上打架，独角兽也会来管，会用角把理亏的人给顶开。当然了，这些都是传说，不过这也表

獬豸　南北朝　陕西历史博物馆藏

达了人们对惩恶扬善的一种美好期盼。

　　古代还有一个非常有趣的现象，每个衙门的墙上都画着一只大大的独角兽。这是为什么呢？这里有两个含义：一个是为了警告来打官司的人，特别是那些干了坏事的人，让他们赶快坦白认罪；另一个是把衙门塑造成伸张正义、保护好人、惩办坏人的公堂，这不免有些自吹自擂了。另外，衙门里审案的官员戴的帽子也有点像独角兽，上面有一个向前伸的角，人们把这种帽子叫"獬豸冠"。人们只要在大堂上看到戴獬豸冠的人，就知道他是法官。到 600 多年前的时候，司法官员的衣服上也绣了獬豸。看来，獬豸成了司法的象征呀。

獬豸冠

"六畜"兴旺，人心所向（三）

接下来我想问你一个问题。我国以六畜为题材创作的艺术品中，你知道出现最多的是哪种动物吗？

答案是马。不过以马为题材的文物出现得比较晚，我在中国历史博物馆（今中国国家博物馆）做讲解员的时候，讲到过西周的一件青铜小马驹，是中国最早以马为形象的艺术品。这同古人饲养马比较晚有一定的关系。在距今3700年左右，家马才在我国西北地区出现。

马善于奔跑，又相当有力量，人们最初使用马来拉车，马成了重要的交通工具。由于汉代以前的车，只有一个车辕贯通在车正中的位置，所以拉车要用双数的马配置在车辕左右，一般都是两匹马，也有四匹马的，周天子的车则是六匹马，称为"天子驾六"。

当年驾驭马车可是个技术活，驾驶人员必须经过培训后才能上岗。如果可以穿越时空，你来到了西周的一所学校上课，那么你必定要学一门叫"御"的课，就是教你如何驾驭马车。

战场上的必备"武器"

自春秋开始，战争的规模越来越大，马拉的战车在战场上起着越来越重要的作用。在《"较"原是车的把手》一文中，就介绍了马拉的战车。当时哪个国家战车多，哪个国家往往就更加强盛，还有"千乘之国""万乘之国"的说法。

战国时期，骑兵渐渐兴起，对马的需求就更多了，对马的

"盠"驹尊 西周
中国国家博物馆藏

要求也更高了。但在客观上讲,不同的马之间是有很大差别的,谁都想要良马,那什么才是良马呢?有标准吗?在秦穆公时,就真出了一个叫伯乐的相马专家,他在长久观察、实践的基础上,将马按品种、体形和毛色进行分类,依照马各个部位的形状、大小和比例,总结出良马应具备的基本特征。

相传有一匹拉车都很吃力的瘦马,伯乐一看,认定这是良马,可其他人纷纷摇头不认可,然而经过细心喂养,这匹瘦马竟然成了一匹千里马。就这样,伯乐相马的故事广泛流传,人们还将这个故事升华为要用伯乐的眼光去发现人才。那些善于发现人的才干、善于调动人积极性的人,也被誉为"伯乐"了。

中原地区的马大多身体比较矮、四肢较短、脖子较粗、双耳较大,整体而言,马的品种不够好,因此,汉代早年的骑兵在同匈奴骑兵作战时总是处于下风,于是皇帝就下令不断修长城,用以抵御匈奴骑兵。为了改变与匈奴作战的不利局面,汉武帝决心引进良马,发展骑兵。他先是引进了西域乌孙国(今新疆地区)的几千匹良马,后又听说大宛(yuān)国(古代中亚国名)的马比乌孙国的马还好,就派使臣带上重金到大宛国求良马。几经努力,大宛国的良马也被引进到了中原。汉武帝利用引进的良马,训练了精锐的骑兵,在将领卫青、霍去病的率领下打败匈奴,解除了匈奴的威胁,使得北方地区得到了长时间的安定。

有的良马被誉为天马,能日行千里。1969年,在甘肃武威

铜奔马　东汉
甘肃省博物馆藏

出土了一件东汉的铜奔马，正是当年天马的写照。这匹马四肢修长、胸部宽厚、头部较小、颈长而弯曲，显得非常矫健、俊美。你看，它的尾巴高高扬起，三足腾空，正向前飞奔，一足踏在了一只飞鸟身上。我国著名的考古学家和文学家郭沫若先生在第一次看到它的时候，连声说："太好了，太美了，真有气魄。"他还说："我到过很多国家，看到过很多马的雕像，那些雕像最古的也只有几百年，从未见过超过1000年的。而我们的祖先却在将近2000年前就制造出这样生动绝妙的铜像，无论从艺术构思的巧妙、工艺技术水平的高超，还是从结构力学角度来说，都达到了前所未有的水平，是我们民族的骄傲。"这件铜奔马迅速在世界上走红。1983年，国家旅游局将其确定为中国旅游标志。

马是非常聪明的动物，经过精心训练，能同人建立起亲密的关系，并且能按照人的要求去完成一些动作。在战场上，马能根据口令或保持安静，或奋勇冲锋；在赛马场上，马能根据骑手的口令、动作，或跨越，或奔驰。

会跳舞的马

你知道吗，马还会跳舞呢。据记载，最迟在三国时期，我国就训练马跳舞了，而唐玄宗时期训练的舞马演技最高，数量也最多。

有一件唐代的银壶，就生动形象地刻画了跳舞的马给皇帝祝寿的情景：在皇帝生日的那天，马听着舞曲，踏着节拍，跳出各种舞姿。舞蹈结束后，马便叼起一只盛满酒的酒杯，跪坐在地上，慢慢前行，这好比人跪着一点一点往前走，而且头还不能抬起来，必须向下垂，以表示对皇帝的尊重。当年像这样会跳舞的马多达百匹。

鎏金舞马衔杯纹银壶　唐　陕西历史博物馆藏

在这还要强调的是，世界各国对马都非常重视，尤其是对名贵的马。有些良马，还可以作为国礼进行赠送。新中国成立后，曾有6个国家的领导人，先后8次送给我国领导人13匹良马，其中土库曼斯坦总统就曾3次向我国领导人赠送珍贵的"汗血宝马"。

同前面讲过的家畜一样，马也有多重美好的寓意，在中国文化中，马代表积极向上、勇往直前的精神，诸如一马当先、马到成功、万马奔腾、马不停蹄等，都是人们喜闻乐见，用以激励祝愿的成语。

古代的报时工具

六畜中鸡是唯一的禽类，而且还是十二生肖中唯一的禽类。要说禽类，那也是个大家族呢，常见的除鸡外还有鸭、鹅、鹌鹑、鸽子、鹰等。那为什么只有鸡进入六畜和十二生肖呢？这应该同鸡被古人视为"德禽"有很大关系。一个"德"字体现出多么强烈的认可啊！鸡为什么能获此殊荣呢？我们还是要学会用发展的眼光看问题。

说到鸡，大家首先想到的应该是它们的肉和蛋。在现代的养鸡场内，鸡住在整齐的鸡舍内，吃着精心配比的饲料，然而古代的鸡可没有这种待遇，人们只要给它们搭个窝就是"家"了，而且它们还得自己出去觅食。过去的农户，家家都会养几只鸡，等到它们下蛋了，人们就会用那些蛋去换取一些油、盐、酱、醋等。如果大家只把目光停留在鸡肉和鸡蛋上，那么鸡在古今的作用似乎没有什么不同，而事实上，鸡在古代最大的作用，应该是公鸡的报晓。

今天我们有各种非常便利的报时器具，但古代是极其缺少报时、计时工具的，于是公鸡在早晨准时打鸣的习惯，对人们来说非常重要。无论是酷暑寒冬，还是阴晴雨雪，公鸡报晓意

绿釉陶鸡　东汉
山东博物馆藏

味着人们要开始新一天的劳作。关于公鸡报晓还有个著名的历史故事。齐国的孟尝君在秦国被扣留，他设法逃到函谷关的时候，天还没有亮，城门紧闭。由于当时守城门的人每天听到鸡叫就会开城门，于是孟尝君的一个门徒在半夜装鸡叫，引得周围的公鸡也跟着叫，顺利地骗守城门的人打开了城门，使孟尝君等人成功逃回齐国。

　　农民更是有着"鸡鸣则起，日落而息"的生活方式。《诗经》中还有这样的诗句："女曰鸡鸣，士曰昧旦。"意思是妻子说鸡都打鸣了，赶快起来吧，可躺在床上的丈夫却说，天还没亮，想多睡一会。这句诗说明，早在2000多年前，人们就把公鸡的啼叫作为一天的开始了。后来，人们认为雄鸡报晓有除旧迎新之意，便将一日之始上升为一年之首，将正月初一定为"鸡日"。

辟邪、送吉祥的"德禽"

在西汉时,人们赋予鸡"德禽"的美誉,称鸡有"五德":"头戴冠者,文也;足搏距者,武也;敌在前敢斗者,勇也;见食相呼者,仁也;守夜不失时者,信也。"小小一只鸡,竟有这么多美德。这实际上是人们基于儒家传统观念形成的一种精神寄托。

由于鸡是一种"德禽",因此古人还赋予它很多民俗文化的内涵。鸡能捕食蝎子、蜈蚣以及很多种昆虫,而在古人眼中,蝎子、蛇、蜈蚣、壁虎、蟾蜍是五种毒害,于是人们将鸡视为"五毒"的克星,认为鸡能驱赶虫害,镇宅保平安。过年过节时,人们会在门上贴"鸡画"来辟邪。另外,"鸡"和"吉"谐音,人们常常用鸡来表达"大吉大利""吉祥安宁"等美好期盼。

你听过"闻鸡起舞"的故事吗?它讲的是西晋名将祖逖(tì)年轻时立志为国家效力,半夜听到野外的鸡叫,便起床舞剑,刻苦练武的故事。后来不少人以闻鸡起舞的故事自勉,鸡还有了励志的色彩。

看到这里,你有没有发现和前面讲的 5 种家畜相比,我还没有讲家鸡出现的时间,这是为什么呢?因为关于这个问题有不同的说法。有专家说我国是世界上最早养鸡的国家,已有七八千年的历史,在河北武安磁山、河南新郑裴李岗等新石器时代遗址,都有鸡骨骼出土。但也有专家认为,通过对上述遗址出土的鸡骨骼进行 DNA 数据分析，还不能确定是家鸡，他们认定在河南安阳殷墟遗址出土的鸡头骨，才真正是家鸡的骨头，按这种观点，至少在大约 3300 年前，我国就有了家鸡。关于家鸡起源的确切时间，还是一个需要继续探究的问题。

  六畜的故事就要告一段落了，最后我想说的是，六畜是人类的朋友，它们在中国传统文化中一直扮演着重要角色，对人们的精神世界的形成一直都发挥着重要作用，我们在肯定它们为人类做出贡献的同时，还必须实实在在地爱护它们，爱护我们的朋友。

你是什么"属相"

属相是生肖的俗称，生活中我们经常会遇到询问属相的事，人们以此来判断年龄，有时双方的属相相同，还能立即拉近感情。由于每人只能有一个属相，所以关于属相还有一个有趣的谜语呢。

50年前，日本首相来中国访问时，曾当面给周恩来总理出了一个谜语："全国12个，人人有一个。"周总理听后哈哈大笑，立即告诉他是"十二生肖"。看到这篇文章之前，如果你听到这个谜语，能正确说出谜底吗？不论以前如何，我敢说，在今后的生活中，你一定会不止一次地遇到和属相有关的问题。快来和我一起学习与属相有关的知识吧！

天干地支

你知道属相为什么是12个吗？属相是在什么时候出现的呢？那12种动物又是怎么成为属相的呢？让我来一一告诉你。属相之所以是12个，是因为它们同我国的地支紧密相关。现在咱们说纪年都是讲公元某某年，讲具体的年月日都是某年某月某日，比如1949年10月1日。但是在古代却不这么说，古代使用的是干支纪年法，干支的全称是天干地支。

天干

1	2	3	4	5	6	7	8	9	10
甲	乙	丙	丁	戊	己	庚	辛	壬	癸

地支

1	2	3	4	5	6	7	8	9	10	11	12
子	丑	寅	卯	辰	巳	午	未	申	酉	戌	亥

这是完整的干支表，从表中可以看到，天干是甲、乙、丙、丁、戊、己、庚、辛、壬（rén）、癸（guǐ），共10个；地支是子、丑、寅、卯、辰、巳（sì）、午、未、申、酉（yǒu）、戌、亥（hài），共12个。将天干和地支一一搭配，到癸酉时10个天干都搭配

完了，而地支还有戌、亥没有搭配，于是天干的甲、乙又和地支的戌、亥开始搭配，如此循环下去，到癸亥时刚好就是60。从61开始又是甲子，你听说过"六十花甲子"吗？它说的就是以干支纪年，60年为一个循环。河南安阳殷墟遗址曾出土一片刻有完整干支的牛肩胛骨，铭文记录了我国已知最早的"干支表"，说明最晚在商代，我国就有了天干地支。

有了天干地支，古代的年月日就有了一个天干地支的名号，这同我们今天用阿拉伯数字表示年月日是一个道理，因此，历史上每个事件发生的日期基本都是用干支纪年法进行记录。例如，有一件叫"利簋"的器皿，上面有"武征商，唯甲子朝"等铭文，说的是周武王灭商发生在甲子日的早上。

刻"干支表"牛骨 商
中国国家博物馆藏

利簋铭文

利簋　西周
中国国家博物馆藏

这个甲子日到底是哪一天呢？科学家按照古人干支纪年的方法进行推算，推算出这个甲子日是公元前1046年的二月初五。

地支和属相紧密相连

现在我们知道了什么是干支，接下来要说的是干支和属相的关系。干支中和属相相关的是12个地支，而不是10个天干，你知道这是为什么吗？1975年12月，在湖北孝感出土的秦国竹简中，有与十二生肖相关的内容："子，鼠也……丑，牛也……"这说明战国时期地支就已和属相相连了。至于为什么相连的是12个地支，这很可能与古人的时间观念有关。

我们的祖先既勤劳又聪明，他们为了过上好日子，非常注重观察大自然的各种变化，总结出了许多规律，其中就有和时间、历法有关的规律。例如，他们发现地上的草每到冬天就枯萎了，而到春天就变绿了，就以草的一枯一绿为一岁。正如白居易诗中所写的："离离原上草，一岁一枯荣。"他们还发现月亮的圆缺也与一岁有关系，12次圆月正好是一岁，这样一年就被分为了12个月，一日也被分为12个时辰，时间的分割就以12为进制了。而12个时辰的名字用的正是地支，即子时、丑时、寅时、卯时……深夜11点到凌晨1点是子时，而中午11点到下午1点则是午时。有时你可能会听到老人们说"要睡子午觉"，说的就是中午最好能够躺下休息一会，最晚夜里

11点以前就该上床睡觉了。

古人为了便于记忆和口述,也为了增加诗情画意,还给每个月配上一种花,每个时辰配上一种动物,比如正月水仙花、二月杏花、三月桃花,子时鼠、丑时牛、寅时虎。前面讲了,古人纪年用的也是地支,和时辰相配的动物自然而然也就和纪年产生了关联,这也就有了十二生肖。我们常常听到有人说是虎年出生的,有人说是兔年出生的。如果有人是某一年的年末出生的,如狗年末、兔年末,人们会说他是个小狗尾巴、小兔尾巴,让人感到非常亲切温馨。

子鼠搭配有一套

至于十二生肖为什么要选这12种动物,而且还是由老鼠打头,由猪结尾,历史上没有明确的记载,于是后来就衍生出了各种不同的说法,在这里不可能把各种说法都罗列出来,仅举一个小例子吧。

有人说,"子"字在小篆中的写法就像一个被包裹在襁褓中的婴儿,指人的出生状态,寓意开始、启航,所以子是地支的第一位。用于记录时间的"子时",指深夜11点至凌晨1点,正是前一天和后一天的更替之时,这时候也正是老鼠最活跃的时候。它们趁人们都睡下了,到处找食物吃。这样一来,子和鼠就搭配在一起了,老鼠也就在十二生肖里打头了。这种说法,

小篆"子"

你觉得有道理吗?

　　还想告诉你一点的是,古人对十二生肖非常重视,因此他们创造了许多和十二生肖有关的艺术品,有的还将十二生肖人格化了。在中国国家博物馆就藏有一套唐代的十二生肖俑。它们都被塑造成了人的身躯,一个个都穿着交领宽袖长袍,双手插在袖子里做拱手状,一副知书达理、文质彬彬的样子,你也可以说它们一个个都"萌萌的"。从这些俑残存的颜色看,它们穿的都是红袍,表示都有相当高的身份地位。博物馆专家把它们这么排列起来,就好像动物们在进行朝拜或者举行一种盛大的典礼,看起来妙趣横生。你仔细看一看,会发现每一个俑的神态都不一样,它们准确地展现出每种动物的特征,所以每一个看到它们的人,都会很容易地辨认出它们是谁,你能辨认出它们吗?

　　还有一套十二生肖像,让咱们国人又高兴又气愤,这是怎么回事呢?

十二生肖俑　唐　中国国家博物馆藏

原来，在世界闻名的圆明园内，清代的乾隆皇帝修筑了一座西洋建筑"海晏堂"，并在海晏堂前建了一个大型人工喷泉，在池边呈"八"字形排列着十二生肖兽首人身铜像，每昼夜它们依次喷水一个时辰，正午时刻，它们一齐喷水，俗称"水力钟"。12个铜像由宫廷匠师精心制作，一个个栩栩如生，展现出极高的艺术水平。然而，令人气愤的是，1860年英法联军劫掠圆明园，十二生肖兽首铜像从此流失海外。直到2000年，流失海外的牛首、猴首、虎首，出现在香港的一次拍卖会上，中国的国资企业保利集团果断出手，将它们购回。后来或是外国友人，或是港澳知名爱国企业家出资，将兔首、鼠首、马首、猪首购得后，无偿捐赠给国家。但至今还有5个铜像下落不明。侵略者对中华民族犯下的罪行，我们永远也不能忘记。

1980年，我国还首次发行了生肖纪念邮票，至今已经发行了4轮。我还收藏了整版的生肖龙的邮票，因为我是属龙的。你是属什么的呢？

鼠首

猪首

马首

兔首

来自大海的"宝贝"

宝贝

我们很多小读者，都被爸爸妈妈或者亲友叫过"宝贝"，你一定也有这种经历吧？生活中的一些贵重物品，也常被人称为"宝贝"。可是在今天很多人的眼里，"贝"是一种很常见甚至是很普通的海产品，它为什么能和"宝"联系在一起呢？这就涉及我国货币的起源了。

最早的实物货币

你平时买书、买笔、买玩具什么的，都要用钱。可是，在4000多年前的时候，人们还不知道什么是钱，那时人们之间的交换都是以物换物。刚开始时，数量也不多，很难说谁赔谁赚，反正换回来的物品都是自己需要的。

随着生产的发展，需要交换的物品越来越多，问题也跟着来了。比如一个人抱来了3只鸡，另一个人拿来了2个陶罐，

这鸡怎么换陶罐才合适呢?这时,人们想出一个好办法,找一种大家都认为合适的物品作为交换的标准物,就假定是羊吧,通过商量,人们规定1只羊可以换5个陶罐,也可以换10只鸡,还可以换一小堆稻米……于是,2只鸡就可以换1个陶罐了。

老的问题解决了,新的问题又来了。各地交易的标准物不一样,有的地方是羊,有的地方是猪,还有的地方是兽皮或者丝织品，所以，不同的地方交易起来还是很麻烦。再者说，不论是牛羊，还是猪狗，大小也不一样，也不能按一个标准来交换。人们多么需要一种各地都认可的物品作为交换的标准物呀！

后来，人们终于找到了这种物品，它就是产自南海的海贝。因为这种海贝的腹部有开口，很像一排排牙齿，所以人们叫它"齿贝"，它也是当年人们使用最多的一种海贝。

古人为什么选择海贝作为交换标准物呢？首先，当时人们大多居住在今天河南、陕西、山东、河北这些距离南海较远的地方，很难得到海贝，所以海贝就显得很珍贵了。其次，海贝个头很小，携带很方便，又很好看，很让人喜爱，有些人还把它穿起来做装饰品。最后，海贝比较坚硬，耐磨损，可以多次用于交换。因此，海贝成了大家都认同的交换标准物，也就是最早的实物货币。

变成货币的海贝身价倍增。在3500多年前的甲骨文中就多次出现商代国王

海贝货币

把海贝赏赐给臣子的记载，那时叫"赐贝"，是一种极高的荣誉。一些有钱有势的人死去后，他们的墓中也要放进许多贝，意味着他们想永远占有这些财富。例如，妇好墓中就有6800多枚贝币。

"宝"字的起源

由于贝这么重要，它便成了"宝"字的组成部分。今天写的"宝"字是简化字，甲骨文中的"宝"字写作" "。这个字由三部分组成：" "代表房屋，下面那个"王"字是用绳子穿起来的三片玉石,另一部分就是海贝的象形文字。这个"宝"字的意思就是家里藏着贝和玉,因为玉也是非常珍稀的物品,所以"玉"和"贝"构成了"宝"。

现在的"宝"字只有"玉",没有"贝"了,这是因为在今天,贝已不是什么珍稀之物了。时代发展了,字的含义也随之有了变化。"贝"字虽然不是简化的"宝"字的组成部分了,可许多与价值有关的汉字都少不了"贝"字,如财、资、贵、贱、费等。翻翻字典,你能再列举几个与"贝"有关的汉字吗?

随着贸易的发展,贝的需求量越来越大,天然海贝供不应求,人们便依照海贝的样子用铜、石、玉、骨等材料,制作了各种仿制的贝,其中的铜贝就成了我国最早的金属币。渐渐地,铜铸的钱币完全代替了海贝,而且铜钱的种类也越来越多。

"筵"和"席"有粗细之分

现在人们往往将参加一些盛大的聚餐称为"去吃筵席"。然而你知道吗,"筵"和"席"并不是食物,而是大小、粗细不同的两种席。那么,筵席为什么成了宴会的代名词呢?这就要从2000年前甚至3000年前,我国的家具和人们吃饭的习俗讲起了。

席地而坐

在那遥远的年代,人们建造了居住的房屋,可是屋内没有我们今天家中常见的床、桌、椅、凳等家具,人们吃饭、睡觉、读书、交谈都在地上。为了保持洁净和防止潮湿,人们便在地面上铺兽皮或者干了的植物枝叶,但最普遍的还是铺席子,于

圆雕玉人像　商　中国社会科学院考古研究所藏

是就有了"席地而坐"的说法。

　　作为学生，如果我们也能到春秋时期孔子的学堂中上一课，那大家就必定是要坐在席子上听孔老夫子讲课了。席子堪称最早的家具。说到坐，古人的坐法是先将双膝着席，脚掌向上，然后将臀贴坐在双脚脚跟上。这姿态和商代妇好墓出土的这件玉人像是完全相同的。

　　看到这，有的同学可能会问："这是不是下跪呀？"古代的坐和跪确实有点相似，但不同的是跪的时候臀是不能坐在双脚脚跟上的，腰身要挺直。古代

将跪称为"跽（jì）"。

你发现了吗，现在有一些文章写文物中的人物呈这种坐姿时，会用"跽坐"一词。但这是错误的！因为"跽"和"坐"是两种截然不同的姿势，这两个字不能连在一起用，绝不能用"跽"来描述坐姿，大家以后千万不要犯这个错误哟！

筵和席有什么区别

筵比较粗糙，面积比较大，室内地面要先用它来铺满，然后人们根据需要再随时在筵上加铺席。席的面积小，编织得更精细。如果请客人来家里吃饭，主人不仅要在筵上加席，还要在每人面前摆放几、案（战国时代才有了几、案）。几可以供人的胳膊凭倚，使体态略微放松，更显舒适。案上要摆放耳杯、盘子、筷子、勺子等食器。

在正式的宴会上，饮食分为饭、膳（shàn）、羞、饮4个部分。饭就是我们说的主食，大多放在簋中；膳则是用肉烹制的主菜，放在鼎中；羞指豆酱或腌制的小菜，放在豆中，豆像今天的盘子，但有个细高的足，便于人们取用豆中的食物；饮则是酒或者米汤等饮料。非常有趣的是，当时是分餐制，食品、饮料都是放到自己面前案上的盘子和耳杯中。从饮食卫生上看，我们祖先的这一做法实在值得称道，你要不要给他们点个赞呀？

湖南长沙马王堆1号墓中就出土了一件保存非常完好的木

胎漆案，案面长78厘米，宽48厘米，上面放置着5个漆盘、1个漆耳杯、1双竹筷和2个漆卮（zhī，盛酒的器皿），这是一套典型的贵族个人餐具，一般人家使用的餐具可不会这么豪华。

当时还有个规矩，为了防止人们把鞋底的泥土带到筵席上，保持筵席的整洁，在室内是不准穿鞋的，人们进屋前都要把鞋子脱下放到门外。

马王堆1号墓中出土的漆案和餐具

我国什么时候才有席

由于编席的材料是芦苇、竹篾等，所以席不像石器、陶器那样耐腐蚀，很不容易被保存下来，相关考古发现并不多。考古人员在浙江余姚井头山遗址中发现的距今8000多年的席，是目前所知最早的席，经检测它是用芦苇编织成的。此外，在浙江跨湖桥遗址、河姆渡遗址中，考古人员发现了距今7000多年的席的残片。

在陕西西安半坡遗址出土的一件陶钵的底部，考古人员发现了清晰的席纹。这应该是陶钵在制成陶坯后，被放在了席子上，那时坯体还比较软，席的纹路就印在上面了，当陶坯经高温烧成陶器后，席纹也就永久留在了上面。这好比今天我们蒸馒头，馒头的底部会有蒸笼屉的纹样。所以，这陶钵底部的席纹，就成了半坡人编织席的佐证。

井头山遗址中发现的席

半坡遗址出土的有席纹的陶钵

坐得舒服靠"镇"压

镇压

现在我们说到"镇压"这个词，大家往往从压制、制裁的角度去理解，但你知道吗，它的本义可不是这样的。"镇压"这个词是由"镇"衍生出来的。在古代，几乎所有官府、家庭都要使用"镇"，那"镇"究竟是什么呢？

这只漂亮的石雕小豹子就是一件"镇"，文物专家称它为"石豹镇"。它长 23.5 厘米，宽 13 厘米，高 14.5 厘米，大小和一个大饭盒差不多，重量达 1.2 千克，是西汉时期的。就你的历史知识和生活经验来看，你认为这只石豹子适合做什么用呢？我再给你一个小提示：2000 多年前的时候，往往是 4 个这样的石豹子一起使用。有答案了吗？接下来就看看你想得对不对吧。

石豹镇　西汉　徐州博物馆藏

"席地而坐"需要"镇"

隋唐以前，人们的室内家具种类很少，即使是比较讲究的房间里，也不过是放置矮床、几案、屏风等家具。像今天咱们使用的桌子、椅子、凳子等，那时还都没有，人们要想坐下来看书，就只能坐在地上。为了能坐得舒适一点，人们就在自己要坐的地面上、床上以及长方形的榻（一种坐具，长度和现代的婴儿床差不多，约80厘米）上，铺上席子。在《"筵"和"席"有粗细之分》一文中，我们介绍了古人"席地而坐"用的两种席。为了避免落座或起身时折卷席角，人们便在每个席角上压一个"镇"。原来，这镇是压席子用的，你想对了吗？

我们现在能够看到的镇有石头的，也有金属的，有些铜镇还进行鎏金或者镶嵌金银丝，制造得非常漂亮。江苏还出土过一件西汉时期用黄金制造的豹镇，重量达9千克，是目前所知最贵重的镇了。

千姿百态的"镇"

从各地发现的汉镇看，大多数镇都被做成动物的形状，常见的有虎、豹、羊、鹿、熊、龟等，用虎、豹等动物形象做镇可能含有辟邪去恶的用意，羊、鹿、熊在当时都是象征吉祥的动物，龟则象征长寿。这样一来，物品的实用性和装饰性以及人们的美好愿望都被巧妙结合在一起了，这也是我们祖先聪明才智的一个具体表现。为了避免挂到衣物，镇的外形都接近扁圆，所以动物都呈趴卧的姿态。一般来说，镇高10厘米左右，重1千克左右。

现在，让我们再来好好欣赏一下前文提到的石豹镇吧。这只豹子是用青灰色大理石雕成的，它侧身卧在地面上，头部微微抬起，两只睁圆的大眼睛使劲看着前方，两只耳朵也竖了起来，好像是听到了什么动静。它的脸部四周有一圈很密实的鬃毛，显得非常威武。由于是侧卧，所以它的4只爪子都在一侧，都是那么健壮有力。这件石豹镇线条简练、生动传神，表现了

相当成熟的圆雕技艺。

　　请你注意观察它的脖子，上面有一条宽宽的项圈，项圈上还有系绳子的钮，这说明什么呢？这说明它不是一只野生的豹子，而是家里驯养的。请你再注意看那条项圈，上面有一个又一个的凸起物，你知道那是什么吗？原来那是曾经作为货币使用过的海贝。这种有海贝装饰的条带叫作"贝带"，这只豹子戴着贝带，表明它不仅不是野豹，而且已经成为主人的宠物。也许你要问，人们干吗在家里养豹子呢？这是因为人们要用它作为狩猎时的助手，这种豹子就被称为"猎豹"。野豹子原本是很凶猛的，可是这只豹子看上去却有些温驯，这也正是艺术家的高明之处，因为他要表现的是一只经过驯养的豹子。

镇早在战国时代就已经出现了，但主要盛行于汉代。汉代以后，随着纸张的出现，镇又成了文房用具，形形色色的镇尺被摆上了书桌。我上小学写毛笔字时用的铜镇尺，一直保存到现在。

现代的镇尺

"沐""浴"原本各有分工

沐浴

我们现在有时将洗澡说成沐浴,前者比较通俗,后者显得文雅,然而沐浴的本义和洗澡是有区别的。

请大家先看一下"沐""浴"这两个字的甲骨文写法:"沐"字是一个人用双手掬盆中的水洗头发的样子,而"浴"字则是一个人置身于器皿中,并在他的两边加上水滴。这清楚地表明古人将洗头发称为"沐",将洗身体称为"浴"。

当然,那时候不仅沐、浴的含义不同,人们沐、浴时的用品也有区别。商周时期的贵族在沐时讲究往汤中加入潘汁。"汤"就是普通的热水,而"潘汁"则是煮热的淘洗高粱、小米的水。

这水中有一些碱性物质，更容易去除油污。古人的头发都留得很长，容易积累脏东西，用这种潘汁洗发可以将头发洗得更洁净一些，潘汁堪称我国最早的洗涤剂了。后来人们发现皂角树的果实——皂角也能去污，汉代以后人们便利用皂角来洗澡、洗衣服了。

我国在西周时就有了专门洗澡的屋子，名字叫湢（bì）。《礼记》中规定"不共湢浴"，就是说男女有别，不能共同在一个浴室中洗澡。湢有时也被称作浴室，《周礼》中就有"王之寝中有浴室"的记载。秦汉以后，人们就不再称浴室为湢了。1975年在陕西咸阳的考古发掘中，人们发现了秦始皇咸阳宫里的御用高级浴室，室内地面用砖砌成漏斗状，有良好的排水功能，是目前我们所见的中国最早的浴室。福建武夷山的汉代闽越王城遗址中的浴室，还有暖气管道呢，令人啧啧称赞。

甲骨文"沐"

甲骨文"浴"

沐浴是一种文明的礼仪

沐浴原本只是为了清洗头发、身体，然而到商代的时候，人们把沐浴上升到使身体焕然一新的高度。沐浴不仅可以除去头发和肌体的污垢，还是一次重要的对灵魂的洗礼——身体上需要清洁，精神上也要弃旧图新。西周时人们更是把洁身净体纳入了"礼"的范畴，上升到了礼仪的高度。诸侯要在洗头、洗身体后去朝见天子，表示对天子的尊重。在进行祭神、祭祖等重大礼仪活动前，人们要把头发、身体都洗干净，以表示内心洁净虔诚。著名的思想家、教育家孔子就严格遵守这项规定，他一定会在沐浴后去见诸侯或者去祭祀祖先和神灵，所以《论语》中说"孔子沐浴而朝"。下图中的文物是铜器"虢季子白"盘，

"虢季子白"盘　西周　中国国家博物馆藏

是供虢国的子白在祭祀前洗浴用的。

周代的礼仪还有这样的规定：晚辈要每3天烧一次温水为父母洗一次头，每5天烧一次温水为父母洗一次身体。这里，沐浴有了尊老敬老的意义。现在很多志愿者都会到养老院去为老人洗脚，这就是当代尊老敬老的一种表现。

古代竟有洗澡假

由于沐浴成了一种行为规范、一种社会公德，因此在2000多年前的西汉时期，皇帝要每5天为官吏们放一天洗澡假，称

为"休沐"。原来当年很多官吏晚上是住在官署的，多日不得洗澡，身上难免会有异味，所以就有了洗澡假，官吏们要利用这一天在家洗澡、洗衣服。这是我国历史上第一次以洗澡为理由而设立假日。有意思的是，如果官吏的家离官署太远，一天来不及往返，还可以多休息一天，这算是路程假吧。

还有一点非常有趣，古人有时会在洗澡水中加入药物。屈原在《九歌·云中君》中说"浴兰汤兮沐芳"，可见当时人们已知道用兰草煎汤沐浴。考古工作者在一些西汉墓中发现，盛放洗澡用具的盒子或箱子里，还装着化妆品和经过加工的植物茎叶。把这些情况结合古书的记载进行研究，我们就可推断：当时的王公贵族为了达到治病保健、长生不老的目的，已经开始用药水洗澡了。他们在洗澡水中加进了有利于身体健康的药物，配合不同水温起到内病外治的效果，这可以说是2000多年前的"保健药浴"了。

人们将"沐浴"这个词语的语义引申开来，于是它便有了受润泽、沉浸等意思，继而就有了"沐浴在春风里"或"沐浴在阳光中"等推而广之的用法。

痒痒挠和"如意"是"亲戚"吗

生活中你是不是也遇到过这种情况？觉得后背特别痒，可用自己的手又够不到发痒的部位，这时一个叫"痒痒挠"的小物件就派上了用场，你用它在后背挠一挠，好像就不痒了，浑身顿感舒服。"痒痒挠"是这个小物件的俗称，它真正的名字叫"爪杖"。在距今2000多年的时候，中国就有了爪杖，由于它可以代替人的手指和手臂搔抓解痒，达到"如人之意"的效果，从某种意义上说，可谓是"如意"的雏形。

大有讲究的如意

"如意"这个词呀,很符合人们追求美好的心愿,所以一种在爪杖基础上演变而成的工艺品进入了人们的生活,"如意"便成了这种工艺品的名称。它的长短和爪杖相近,但在造型上和爪杖的差别越来越大,所用原料更是越来越珍贵。在清代,

不同材质和形狀的如意

特别是乾隆时期，如意的材质极尽奢华——黄金、宝石、珠玉、象牙、珐琅、紫檀等都成了制作如意的材料。除了材质，工匠们还要费尽心思在造型上体现更多的美好寓意，如意的首部（也叫头部）大多设计成灵芝形、莲花形、卷云状或蝙蝠形，因为它们都象征祥瑞。你知道吗，有的如意首部会有两个柿子的造型。因为"柿"和"事"同音，所以这种造型的如意就表示"事事如意"了。

不再挠痒痒的如意

这件如意是清代中期制作的，是当年皇宫中比较有代表性的用品，陈设在永寿宫中。它的长度有54厘米，先用名贵的红木雕成一个有高低起伏的底托，最高的部分为"首"，中间凸起的那一段叫"柄"，最下端叫"趾"。工匠们在红木托上密密实实地装饰了用多彩宝石雕成的花果，上面还有用黄金制作的古钱、番莲等花纹。你看清楚这件如意上都有什么植物了吗？在

清代中期的如意

如意的首部和趾部有佛手、桃实（西王母的仙桃）、灵芝和石榴，这个组合象征多福多寿；如意的柄部有象征富贵的牡丹花。总之，这件如意材料珍贵、寓意美好、色泽艳丽、制作精湛，是一件惹人喜爱的艺术品。

就这样，如意成了人们赏玩的雅物、过年过节时祈福祝寿的瑞品、书房客厅中的陈设，自然不能再用来挠痒痒了。乾隆皇帝就有诗句写道："处处座之旁，率陈如意常。"意思是说，在宫中各处座位旁边往往都放置着如意，供人欣赏，让人感受美好的祝福。

因为如意有这些重要的用途，所以它自然就成了人们互相馈赠的贵重礼品之一。古时候，很多臣子都要选购各种精美的如意敬献给皇帝、皇后，以讨欢喜、求得功名。帝王们往往也将如意作为赏赐品赐给臣子，表示对臣子的恩宠。雍正皇帝就曾将一柄玉如意赏赐给军机大臣张廷玉，并说"愿尔往来事事如意"。

雍正皇帝手持如意图

"如意"不如意

历史上当然也有送了如意却并不如意的情况，最典型的事件就跟大贪官和珅有关。在乾隆皇帝晚年时，和珅向即将登基成为新皇帝的颙琰（yóng yǎn，即后来的嘉庆皇帝）进献了一柄玉如意，以示忠心，但颙琰早就对和珅的贪赃枉法深恶痛绝，可是碍于自己的父皇护着和珅，还不能对和珅采取什么行动，便对大臣们说："你们以为如意能带来吉祥，我看未必。"一开始，大臣们还没弄懂这句话的真正含义。乾隆皇帝去世仅仅5天，嘉庆皇帝便将和珅逮捕，并很快将其抄家赐死，这时大臣们才明白嘉庆皇帝当初为什么讲那样的话。

祝你万事如意

由于如意是美好吉祥的象征物，"如意"二字也就成了人们喜欢用的词语了：大家常常会讲"吉祥如意""万事如意"来表达对他人的美好祝愿；当有人喜结良缘、幸福美满时，人们则形容他们"称心如意"，或夸奖做丈夫的是"如意郎君"；而当有人为个人、为小团体的利益精心算计时，人们又会略带贬义地说他们是"打如意算盘"。你学会这些词语了吗？

圆形玉器来"环绕"

环绕

《让我们荡起双桨》是新中国第一部校园儿童故事片《祖国的花朵》的主题曲,这首歌在20世纪50年代红遍了华夏大地,直到现在,那优美的旋律、歌词,依然陪伴着我们。这首歌中有这样一句歌词:海面倒映着美丽的白塔,四周环绕着绿树红墙。其中的"环绕"一词很常见,但你知道它其实和我们古代称为"环"的圆形玉器密切相关吗?

我国古代有4种中间有孔的圆形玉器。由于中间的圆孔在整个玉器中所占比例不同,因而它们的名称和作用也大不一样。

名气最大的玉璧

古人规定"肉倍好谓之璧",这是什么意思呢?原来古人将玉璧中孔的部分称为"好",将玉璧的实体部分称为"肉"。"肉倍好"就是指玉璧实体部分的宽度是中间孔径的两倍。你知道吗?中国古代的铜钱也有"好"和"肉"呢。

在距今5000多年的时候,中国就有了玉璧,最初可能是

玉大璧　新石器时代　故宫博物院藏

用来佩戴的，因此个头都比较小。到距今4000多年的时候，玉璧成为祭天的礼器，还是权力、财富的象征，于是玉璧逐渐增大，直径多在20厘米左右，最大的玉璧直径能达到40厘米。后来，玉璧成为国与国、人与人交往时的重要馈赠物和一些身份比较高贵者的随身佩戴物。

说到玉璧，很容易让人想起"完璧归赵"的故事。战国时代的赵国国王得到了著名的和氏璧，强大的秦国的国王想占有和氏璧，就假意用15座城池换赵国的和氏璧。赵国的蔺相如带着和氏璧到了秦国，很快识破了秦国国王的阴谋，便有勇有谋地使和氏璧完整回到了赵国。

不少人在讲这个故事的时候，或者是画有关这个故事的图画时，会把和氏璧说成或者画成圆形玉璧，这是完全错误的！和氏璧虽然被称作璧，但它并不是圆形玉璧，而是一块较大的块状美玉。

能给人帮忙的玉瑗

玉瑗 战国
湖北省博物馆藏

如果将玉璧的孔径加大，使其实体部分的宽度和孔径的比例成为1:2，也就是完全颠倒了玉璧的"肉倍好"的比例，这种器物就有了新名称，叫"玉瑗"。有意思的是，它的名字是"瑗"，与"援"谐音，它的用途还真

有援助的意思。当有人需要他人帮助上台阶而又不方便直接用手去拉时，玉瑗就派上了用场。两人各抓握玉瑗的一端，一方用力就能把另一方拉上去，古人的聪明才智由此可见一斑。在考古发掘中，人们曾发现玉瑗出现在墓主人胳膊的位置，这说明它也是古人套在胳膊上的饰物。

玉环与玉玦，只差"一线天"

如果圆形玉的实体宽度和孔径的比例为1:1,则被称为"玉环"。

玉环既是装饰品，又被当作凭证。从原始社会末期开始，一些地位高贵的人就会将几个玉环穿起来戴在脖子上或挂在胸前作为显示身份地位的配饰。如果有官员受到惩罚，被贬谪到偏远地区，当皇帝想再次任用此官员时，便会派人给那个官员送去玉环，表示要召回他予以任用。

假如玉环的边缘有缺口，那它所蕴含的意义又不同了。

龙形玉玦　商
中国国家博物馆藏

龙纹玉环　西周
山西博物院藏

秦朝灭亡以后，两支抗秦军队的领袖项羽和刘邦在咸阳城郊外的鸿门举行了一场宴会。在鸿门宴上，项羽的谋士范增曾三次向项羽举起一块有缺口的环形玉，他想表达什么意思呢？他举起的那种玉叫"玉玦"，范增是用玉玦示意项羽：一定要同刘邦断绝关系呀！

玉玦早在七八千年前就已经出现了。由于这个缺口使玉环断开了，于是玉玦被人们引申出"断绝"的意思，当一个人不想再与另一个人做朋友时，向对方出示一块玉玦就可以了。

你知道吗？还有一种叫玉玨(jué)的古老玉质装饰品也呈有缺口的环状，它在古代主要被用作耳饰和佩饰。玉玨和玉玦虽然读音相同，但二者还是有区别的。玉玨常成双成对地出现，小的玉玨类似于今天的耳环，较大体积的玉玨则是人们随身佩戴的装饰品。玉玦只指一块有缺口的环形玉，通常为男子佩戴。

玉璧、玉瑗、玉环都是圆形的，没有起点也没有终点。在古人的观念中，它们有圆满、祥瑞的寓意。而玉环的"环"字，更被广泛用于圆形物体，例如门环、耳环、套环等，进而引申为动词"环绕"。

166

与生活息息相关的"广告"

现在，无论是走在大街上，还是打开电视、手机，我们都会接收到各种广告，它们告诉了人们很多很多的信息，也给我们的生活带来了便利。那么广告是怎样产生的？古代的人们又是怎样做广告的呢？

很早很早的"口头广告"

大家知道，广告的主要作用就是推销商品，所以自从社会上有了商品，很快就有了广告。根据目前的考古成果，我国在原始社会末期，也就是距今大约5000年的时候，农业、手工业都有了很大发展，但各个地方的物产不完全一样。一个地方的人们制作了很多陶器，另一个地方的人们织了一些布，他们就用交换的方法来得到自己没有的物品，用今天的话讲，那些被交换的物品就是商品。

当年人们交换物品的时候，自然少不了用语言来介绍自己的物品，讲陶器多么美、布多么好，这种介绍也算是最原始的广告，专家们将它定名为"口头广告"。非常有趣的是，"广告"一词的本义就是"大喊大叫"。由此大家也可以想象，在广告的初始阶段，人们用大喊大叫的口头广告吸引、招呼他人的热闹情景。

多种多样的"实物广告"

随着商品增多，人们将所售商品或商品中具有代表性的一部分悬挂、摆放在醒目位置，吸引顾客的眼光，用于宣传推销商品，这被称为"实物广告"。你一定知道"挂羊头卖狗肉"这个俗语吧？现在人们用它比喻表里不一、名不符实，而它最初所讲的不就是实物广告嘛。

当造纸术和印刷术被发明以后，商人立刻抓住机会，利用这两大新技术使广告得到广泛传播，真正做到了"广而告之"。中国国家博物馆收藏并展出的一块宋代的铜版，就是目前所知我国最早的印刷商标广告的实物，它差不多相当于你的两只手那么大，而且图文并茂。你注意到了吗？铜版上的字是反的，在这块铜版上刷上墨，就可以在纸上印出正字的广告了。

"济南刘家功夫针铺"广告青铜版　宋
中国国家博物馆藏

快来仔细看看广告的内容吧！

最上边是"济南刘家功夫针铺"8个大字，这自然是店铺名称了。中间画了一只捣药的白兔，你看它竖着两只大耳朵，前腿紧紧地抱着杵，站起身子使劲捣药，样子多专注、多可爱呀！选白兔做商标，用今天的话说，就是要个明星效应。在神话传说中，白兔可是大明星呢，它住在月宫里，是嫦娥姐姐最喜欢的动物。此外，选白兔做商标还跟它手中的杵有关。你听过"铁杵磨成针"的故事吗？人们看到白兔手中的杵，很容易就会想到杵与针的关联，这明星就更有做商品代言人的资格了。白兔两边书写着"认门前白兔儿为记"，就是说刘家功夫针铺以白兔为标志，你可不要找错地方呀。白兔的下面是广告词："收买上等钢条，造功夫细针。不误宅院使用，转卖兴贩，别有加饶,请记白。"短短 28 个字,既说明了制造细针的原料、针的质量和针铺的信誉,还说明了优惠办法——"转卖兴贩,别有加饶",也就是对于大量购买再一点点把针卖出去的顾客,还可以"加饶","加饶"就相当于现在的打折扣。

当年广告的形式可多了,还有招牌、幌子、牌匾、楹联、灯箱等。

灯箱广告

灯箱广告

"广告"一词由哪来

其实说了半天,中国词语中原本并没有"广告"一词,它是外来词语,源于拉丁文,我国古代将广告称为"告白"。1899年4月30日,著名学者梁启超创办的《清议报》上刊登了"广告募集"的声明,梁启超算是率先使用"广告"的人了。1906年,清政府的农工商部在《商务官报》上也使用了"广告"二字,这被视为中国政府部门首次使用"广告"一词。在20世纪初,"广告"和"告白"两个词并存。

《清明上河图》局部

灯箱广告

"丰碑"原来不是碑

丰碑

在日常生活中，人们往往会将一些不朽的杰作或者伟大的功绩称为"丰碑"，这说明在人们的心目中，丰碑是极为神圣崇高、令人敬仰的。那丰碑原本的含义是什么？它有什么用途？又有怎样的发展历程呢？

碑有什么用

你知道吗，"碑"虽然有个石字旁，但很久以前的碑并不全是用石头做的，还有的是用木头做的，用途也和现在有很大不同。据《周礼》一书记载，周代就有了碑，当时的碑上没有文字，用途有三种：

第一种碑是立在宗庙院子里的石头，用来拴住祭祀用的牲畜。

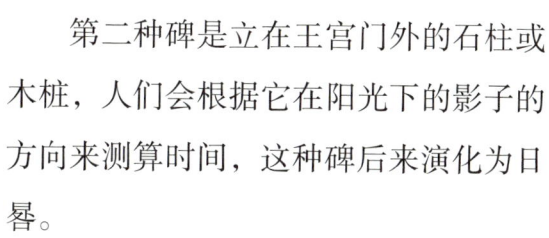

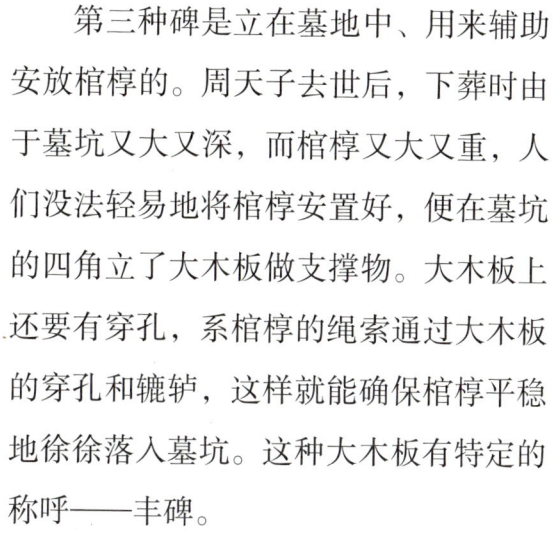

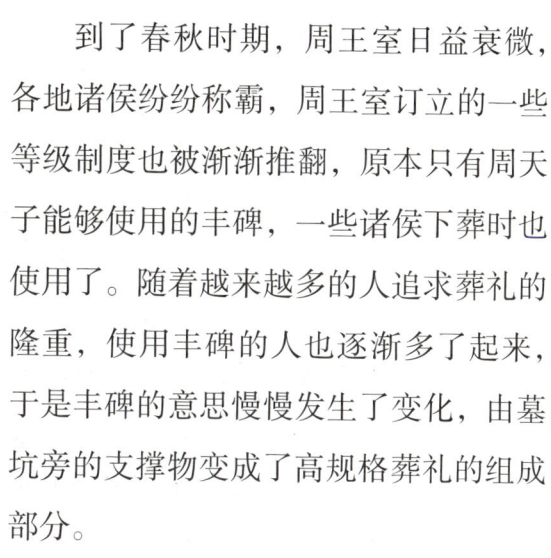

第二种碑是立在王宫门外的石柱或木桩，人们会根据它在阳光下的影子的方向来测算时间，这种碑后来演化为日晷。

第三种碑是立在墓地中、用来辅助安放棺椁的。周天子去世后，下葬时由于墓坑又大又深，而棺椁又大又重，人们没法轻易地将棺椁安置好，便在墓坑的四角立了大木板做支撑物。大木板上还要有穿孔，系棺椁的绳索通过大木板的穿孔和辘轳，这样就能确保棺椁平稳地徐徐落入墓坑。这种大木板有特定的称呼——丰碑。

到了春秋时期，周王室日益衰微，各地诸侯纷纷称霸，周王室订立的一些等级制度也被渐渐推翻，原本只有周天子能够使用的丰碑，一些诸侯下葬时也使用了。随着越来越多的人追求葬礼的隆重，使用丰碑的人也逐渐多了起来，于是丰碑的意思慢慢发生了变化，由墓坑旁的支撑物变成了高规格葬礼的组成部分。

秦代以后，人们为了纪念逝者，在石头上刻字为墓中的人歌功颂德，这就出现了纪念性的石碑。1870年山东出土了西汉河平三年的麃（biāo）孝禹碑，它是目前所知最早的纪念性石碑。

东汉时期，竖立墓碑的风气广泛流传，石碑的形制也基本定型。当纪念性的石碑盛行以后，丰碑的本义就被人们渐渐忘却了，绝大多数人只是从字面的意思来认识丰碑，于是丰碑就有了高大、崇高等全新的含义，史书记载隋代的帝王就将高大的碑称为丰碑。

麃孝禹碑　西汉　山东博物馆藏

非常有意思的是，早期的丰碑在碑上部中间靠近碑额的地方都会有一个圆孔（碑穿），这是对原始丰碑样式的一种保留。后来，碑更换了材质，也更新了作用，人们就对它"知其然而不知其所以然"了。

碑穿

碑长什么样

需要特别提示的是，现在的碑有广义和狭义之分，广义的碑泛指各种形制的、刻着文字或图画的、竖立起来作为纪念物或标记物的石头；而狭义的碑则是指立于墓地、寺庙、纪念地的石碑。如果你去西安碑林博物馆，看到的就是广义的碑。

石碑一般有碑额、碑身和碑座三部分，碑身又有碑阳、碑阴、碑侧之分。

碑额就是石碑的上端，也叫碑首或碑头，上面大多雕刻着石碑的标题和蟠龙。隋代以后的石碑碑额多为方形，也是现在大家常见的样式。

碑的正面叫碑阳，背面叫碑阴。碑文刻在碑阳，如果碑文较长，碑阳容纳不下，就可以刻在碑的侧面和碑阴。比如唐代颜真卿刻立的颜氏家庙碑就是一块四面都刻有文字的碑。

碑的底座原本是长方形的，从唐代开始，高官显贵将石碑底座雕刻成类似乌龟的形状，所以碑座也叫"龟趺（fū）"，民间俗称是"王八驮石碑"。其实龟趺的形象是传说中龙的儿子，名叫"赑屃（bì xì）"。这位大力士看起来和乌龟长得差不多，但它比乌龟多了尖尖的獠牙。因为它的力气特别大，能负重，象征着长寿吉祥，所以古人按照它的形象做成石碑的底座。

最后还有一个小问题，你知道石碑的量词是什么吗？我们平常讲一支笔、一辆车、一架飞机、一艘轮船等，这里的"支""辆""架""艘"都是量词。那石碑呢？大家常说的是"一块石碑"，或者"一座纪念碑"，这是口语化的说法，但石碑更确切的量词是"通"，在博物馆业务部门的相关账目上，记载的是"××通碑"，你记住了吗？

颜氏家庙碑　唐
西安碑林博物馆藏